Pedro Calderón de la Barca

El mayor encanto, amor

Barcelona 2024
Linkgua-ediciones.com

Créditos

Título original: El mayor encanto, amor.

e-mail: info@linkgua.com

Diseño de cubierta: Michel Mallard.

ISBN tapa dura: 978-84-9897-384-6.
ISBN rústica: 978-84-9816-414-5
ISBN ebook: 978-84-9897-240-5.

Sumario

Brevísima presentación

La vida

Pedro Calderón de la Barca (Madrid, 1600-Madrid, 1681). España.
Su padre era noble y escribano en el consejo de hacienda del rey. Se educó en el colegio imperial de los jesuitas y más tarde entró en las universidades de Alcalá y Salamanca, aunque no se sabe si llegó a graduarse.
Tuvo una juventud turbulenta. Incluso se le acusa de la muerte de algunos de sus enemigos. En 1621 se negó a ser sacerdote, y poco después, en 1623, empezó a escribir y estrenar obras de teatro.
Lope de Vega elogió sus obras, pero en 1629 dejaron de ser amigos tras un extraño incidente: un hermano de Calderón fue agredido y, éste al perseguir al atacante, entró en un convento donde vivía como monja la hija de Lope.
Entre 1635 y 1637, Calderón de la Barca fue nombrado caballero de la Orden de Santiago. Por entonces publicó veinticuatro comedias en dos volúmenes y *La vida es sueño* (1636). En la década siguiente vivió en Cataluña y, entre 1640 y 1642, combatió con las tropas castellanas. Sin embargo, su salud se quebrantó y abandonó la vida militar. Entre 1647 y 1649 la muerte de la reina y después la del príncipe heredero provocaron el cierre de los teatros, por lo que Calderón tuvo que limitarse a escribir autos sacramentales.
Calderón murió mientras trabajaba en una comedia dedicada a la reina María Luisa.

El mayor encanto, amor (también conocida como *El mayor hechizo, amor*) relata las peripecias de Ulises y su tripulación en la isla de la maga Circe. La obra pertenece al grupo de textos de Calderón inspirados en mitos clásicos.

Personajes

Antistes
Aquiles
Arquelao
Arsidas
Astrea
Brutamonte
Casimira
Circe
Clarín
Clori
Dueña
Enano
Flérida
Floro
Galatea
Iris
Lebrel
Libia
Lisidas
Polidoro
Sirene
Soldado
Timantes
Tisbe
Ulises

Jornada primera

(Tocan un clarín y descúbrese un navío, y en él Ulises, Antistes, Arquelao, Lebrel, Polidoro, Timantes, Floro y Clarín.)

Antistes — En vano forcejamos,
cuando rendidos a la suerte estamos
contra los elementos.

Arquelao — Homicidas, los mares y los vientos
hoy serán nuestra ruina.

Timantes — ¡Iza el trinquete!

Polidoro — ¡Larga la bolina!

Floro — Grande tormenta el huracán promete.

Antistes — ¡Ola iza!

Lebrel — ¡A la escota!

Clarín — ¡Al chafaldete!

Ulises — Júpiter soberano
que este golfo en espumas dejas cano:
yo voto a tu deidad aras y altares
si la cólera ablandas destos mares.

Antistes — Sagrado dios Neptuno,
griegos ofendes a pesar de Juno.

Arquelao — Causando está desmayos
el cielo con relámpagos y rayos.

Clarín ¡Piedad, Baco divino,
no muera en agua el que ha vivido en vino!

Lebrel ¡Piedad, Momo sagrado,
no el que carne vivió muera pescado!

Timantes Monumentos de yelos
hoy serán estas ondas.

Todos ¡Piedad cielos!

Polidoro Parece que han oído
nuestro lamento y mísero gemido,
pues calmaron los vientos.

Arquelao Paces publican ya los elementos.

Antistes Y para más fortuna,
que la buena y la mala nunca es una,
ya en aqueste horizonte
tierra enseña la cima de aquel monte
corona de esa sierra.

Timantes Celajes se descubren.

Todos ¡Tierra, tierra!

Ulises Pon en aquella punta
que el mar y el cielo, hecha bisagra, junta
la proa.

Polidoro Ya el espolón toca la playa.

Antistes ¡Vaya toda la gente a tierra!

Todos ¡Vaya!

Antistes Del mar cesó la guerra.

Ulises Vencimos el naufragio.

Todos ¡A tierra, a tierra!

(Llega el bajel y desembarcan todos.)

Ulises
Saluda el peregrino,
que en salado cristal abrió camino,
la tierra donde llega
cuando inconstante y náufrago se niega
del mar a la inconstancia procelosa.

Antistes ¡Salve y salve otra vez madre piadosa!

Arquelao
Con rendidos despojos
los labios te apellidan y los ojos.

Clarín
Del mar vengo enfadado,
que no es gracioso el mar aunque es salado.

Lebrel
No es aqueso forzoso,
que yo no soy salado y soy gracioso.

Ulises ¿Qué tierra será esta?

Timantes
¿Quién quieres que a tu duda dé respuesta
si siempre derrotados,
mares remotos, climas apartados,

habemos tantos años discurrido
el rumbo, el norte y el imán perdido?

Polidoro — Pues no nuestras desdichas han cesado,
que el monte donde ahora has arribado
no parece habitable
en lo inculto, intrincado y formidable.

Antistes — En él las más pequeñas
ruinas de gente humanas no dan señas.

Arquelao — Solo se ve de arroyos mil sulcado,
cuyo turbio cristal desentonado,
parece, a lo que creo,
desperdiciado aborto del Leteo.

Lebrel — Que habemos dado, temo,
en otro mayor mal que Polifemo.

Floro — Quejas son, lastimosas y severas,
cuantas se escuchan de robustas fieras.

Timantes — Y si las copas rústicas miramos
destos funestos ramos,
no pájaros süaves
vemos, nocturnas sí, agoreras aves.

Arquelao — Y entre sus ramas, rotos y quebrados,
trofeos de guerra y caza están colgados.

Polidoro — Todo el sitio es rigor.

Floro — Todo espanto.

Antistes — Todo horror.

Arquelao — Todo asombro.

Timantes — Todo encanto.

Lebrel — Absorto de mirar sus señas quedo.
¿Creerasme una verdad? Que tengo miedo.

Clarín — Sí creeré, si es que arguyo
que por mi corazón se juzga el tuyo.

(Vanse, y quedan los dos.)

Ulises — Pues los dos nos quedamos,
por esta parte penetrando vamos.
¿Qué bosque es este, cielos soberanos?

Clarín — Y aun en eso no para
pues, del oscuro centro
suyo, miro salirnos al encuentro
un escuadrón de fieras,
bárbara, inculta güeste, que en hileras
mal formadas embiste
a los dos.

Ulises — Defendámonos, ¡ay triste!,
el uno al otro. Pero, ¿cómo es esto?
No solo a nuestra ofensa se han dispuesto
más humildes: postrados y vencidos,
los pechos por la tierra están rendidos.

(Salen animales y hacen lo que se va diciendo.)

Y el rey de todos ellos,
el león, coronado de cabellos,
en pie puesto una vez hacia las peñas
y otra hacia el mar, cortés nos hace señas.
¡Oh, generoso bruto,
rey de tanta república absoluto!,
¿qué me quieres decir cuando a la playa
señalas? ¿que me vaya
y que no tale más el bosque donde
tienes tu imperio? A todo me responde,
inclinada la testa,
con halagos firmando la respuesta.
Creamos, pues, al hado;
que un bruto no mintiera coronado.
Convoca a gritos fieros
a nuestros compañeros
para que al mar volvamos
y agradecidos el peligro huyamos.

Clarín

Compañeros de Ulises
que discurrís los bárbaros países:
deste encantado monte
desamparad su bárbaro horizonte.

Ulises

Al mar volved, al mar; que, tristemente,
con halago las fieras obediente,
cuando tus voces nuestras gentes llaman,
quieren quejarse y por quejarse braman.

Clarín

Todas con manso estruendo,
repitiendo las señas, van huyendo.

Ulises

Mucho es mi asombro.

Clarín Y mi tristeza es mucha.

(Sale huyendo Antistes.)

Antistes Dioses, ¿qué tierra es esta? Atiende, escucha.
Entramos en ese monte,
Ulises, tus compañeros,
a examinar sus entrañas,
a solicitar su centro,
cuando a las varias fortunas
del mar pensamos que el cielo
nos había hallado amparo,
nos había dado puerto.
Mas, ¡ay triste!, que el peligro
es de mar y tierra dueño;
porque en la tierra y el mar
tiene el peligro su imperio.
Dígalo allí, coronado
de tantos naufragios ciertos,
y aquí lo diga, ceñido
de tantos precisos riesgos,
aunque ni el mar ni la tierra
no tienen la culpa dellos,
pues el hombre en tierra y mar
lleva el peligro en sí mesmo
por diversos laberintos
que labró, artífice diestro,
sin estudio y sin cuidado
el desaliño del tiempo.
Discurrimos ese monte
hasta que, hallándonos dentro,
vimos un rico palacio
tan vanamente soberbio
que, embarazando los aires

y los montes afligiendo,
era para aquellos nube
y peñascos para estos
porque se daban la mano
con uno y con otro extremo.
Pero aunque viciosos eran,
la virtud no estaba en medio,
saludamos sus umbrales
cortesanamente atentos,
y apenas de nuestras voces
la mitad nos hurtó el eco
cuando de ninfas hermosas
un tejido coro bello
las puertas abrió, mostrando
apacible y lisonjero,
que había de ser su agasajo
de nuestros males consuelo,
de nuestras penas alivio,
de nuestras tormentas puerto.
Mintió el deseo. Mas, ¿cuándo
dijo verdad el deseo?
Detrás de todas venía,
bien como el dorado Febo
acompañado de estrellas
y cercado de luceros,
una mujer tan hermosa
que nos persuadimos, ciegos,
que era, a envidia de Diana,
la diosa destos desiertos.
Esta, pues, nos preguntó
quiénes éramos; y habiendo
informádose de paso
de los infortunios nuestros,
cautelosamente humana

mandó servir al momento
a sus damas las bebidas
más generosas, haciendo
con urbanas ceremonias
político al cumplimiento.
Apenas de sus licores
el veneno admitió al pecho
cuando corrió al corazón;
y en un instante, un momento,
a delirar empezaron
de todos los que bebieron
los sentidos, tan mudados
de lo que fueron primero,
que no solo la embriaguez
entorpeció el sentimiento
del juicio, porción del alma,
sino también la del cuerpo.
Pues, poco a poco, extinguidos
los proporcionados miembros,
fueron mudando las formas.
¡Quién vio tan raro portento!
¡Quién vio tan extraño hechizo!
¡Quién vio prodigio tan nuevo!
¡Y quién vio que, siendo hermosa
una mujer con extremo,
para hacer los hombres brutos
usase de otros remedios,
pues destas transformaciones
es la hermosura el veneno!
Cuál era ya racional
bruto de pieles cubierto;
cuál, de manchas salpicado,
fiera con entendimiento.
Cuál sierpe armada de conchas;

cuál de agudas puntas lleno,
cuál animal más inmundo,
y todos al fin a un tiempo
articulaban gemidos
pensando que eran acentos.
La mágica entonces dijo:
«Hoy veréis, cobardes griegos,
de la manera que Circe
trata cuantos pasajeros
aquestos umbrales tocan».
Yo, que por ser el que haciendo
estaba la relación
de nuestros varios sujetos,
aún no había al labio dado
el vaso, el peligro viendo,
sin que reparara en mí
Circe, corrí; que en efeto
el que se sabe librar
de los venenos más fieros
de una hermosura es quien solo
niega los labios a ellos.
Esto, en fin, me ha sucedido;
y vengo a avisarte desto
porque desta esfinge huyamos.
Pero, ¿dónde podrá el cielo
librarnos de una mujer
con hermosura e ingenio?

Ulises

¿Cuándo vengada estarás,
¡oh injusta deidad de Venus!,
de Grecia? ¿Cuándo tendrán
divinas cóleras medio?

Antistes

No en lastimosos gemidos

la ocasión embaracemos
que tenemos de librarnos:
al mar volvamos huyendo.

Ulises ¿Cómo habemos de dejar
así a nuestros compañeros?

Clarín Perdernos, señor, nosotros
no es alivio para ellos.

Ulises Juno, si en desprecio tuyo
Venus ofende a los griegos,
¿cómo tú no los defiendes
quejosa de tu desprecio?
Acuérdate que, ofendida
de Paris, a nuestro acero
le fiaste tu venganza.
Acuérdate que sangrientos
por ti abrasamos a Troya,
cuyo no apagado incendio
hoy en padrones de humo
está en cenizas ardiendo.
Si por haberte vengado
tantos males padecemos,
remédianos, Juno bella,
contra la deidad de Venus.

(Tocan chirimías, y sale en un arco, Iris, ninfa, y canta la música.)

Música Iris, ninfa de los aires,
el arco despliega bellos,
y mensajera de Juno
rasga los azules velos.

Iris (Cantando.)

Ya la obedezco; y batiendo
las alas rompo los vientos.

Ulises

Línea de púrpura y nieve,
nube de rosa y de fuego,
verde, roja y amarilla
nos deslumbran sus reflejos.

Antistes

Que hermoso rasgo corrido
en el papel de los cielos,
bandera es de paz.

Ulises

Y en él
está la ninfa pendiendo,
embajatriz de las diosas,
reina de dos elementos.
Iris, bellísima ninfa,
si tu respuesta merezco,
¿qué, dichosa, vas buscando?,
¿qué, infelice, vas huyendo?

Iris (Cantando.)

A tus fortunas atenta,
¡oh nunca vencido griego!,
Juno tu amparo dispone
y yo de su parte vengo.
Este ramo que te traigo
de varias flores cubierto,
hoy contra Circe será
triaca de sus venenos.
Toca con él sus hechizos:
desvaneceranse luego
como al amor no te rindas.
Que con avisarte desto
ya la obedezco; y batiendo

(Deja caer un ramillete.)

las alas rompo los vientos.

Toda la Música Y batiendo las alas rompo los vientos.

(Desaparece con chirimías el arco y la ninfa.)

Ulises Hermoso aliento de Juno,
no desvanezcas tan presto
tanto aparato de estrellas,
tanta pompa de luceros.
Espera, detente, aguarda
que te sacrifique el pecho
estas lágrimas, que lleves
en señal de rendimiento.

Clarín Ya las esparcidas luces
va doblando y recogiendo
hasta perderse de vista
por las campañas del viento

Ulises Ya no hay que temer de Circe
los encantos, pues ya veo
tan de mi parte los hados,
tan en mi favor los cielos.
A sus palacios me guía;
verasme vencer en ellos
sus hechizos y librar
a todos mis compañeros.

Antistes No es menester que te guíe
a sus ojos; que ella, haciendo
salva a tus peligros, sale
al son de mil instrumentos.

(Sale Circe, Astrea, Libia, Casimira, Tisbe, Clori y todas las músicas y músicos. Trae Astrea un vaso y salva, y Libia una toalla, y cantan.)

Música
En hora dichosa venga
a los palacios de Circe
el siempre invencible griego,
el nunca vencible Ulises.

Circe
En hora dichosa venga
hoy a este palacio hermoso
el griego más generoso
que vio el Sol, donde prevenga
blando albergue y donde tenga
dulce hospedaje; y atento
a sus fortunas, contento
pueda en la tierra triunfar
de la cólera del mar
y de la saña del viento.
Felice, pues, fuese el día
que estos piélagos sulcó;
felice fuese el que halló
abrigo en la patria mía;
y felice la osadía
con que ya vencer presuma
en tranquila paz, en suma
felicidad inmortal,
ese monstruo de cristal
siempre escamado de espuma.
Que yo, al cielo agradecida
pues ya mis venturas sé,
de tanto huésped daré
parabienes a mi vida.
Y así, a tus plantas rendida
con aplausos diferentes,

vengo a recibir tus gentes
hurtando en ecos süaves
las cláusulas de las aves,
los compases a las fuentes.
Y porque al que el mar vivió
lo que más en él le obliga
a sentir es la fatiga
de la sed que padeció
(¡quién sed en tanta agua vio!),
a traerte aquí se atreven
los aplausos que me mueven,
en señal de cuán piadoso
es mi afecto, el generoso
néctar que los dioses beben.
Bebe y sin pavor ninguno
brinda la gran majestad
de Júpiter, la beldad
de Venus, ciencias de Juno,
de Marte armas, de Neptuno
ondas, de Diana honor,
flores de Flora, esplendor
de Apolo y, por varios modos,
porque en uno asisten todos,
bebe y brinda al dios de Amor.

Ulises

Bellísima cazadora
que en este opaco horizonte,
siendo noche todo el monte,
todo el monte haces aurora,
pues no amaneció hasta ahora
que te vi la luz en él:
rendido admite, y fiel,
un peregrino del mar
que halló piadoso al pesar,

que halló a la dicha crüel.
Esa nave derrotada
que con tanta sed anhela,
pez que por las ondas vuela,
ave que en los aires nada,
a tu deidad consagrada
víctima ya sin ejemplo
de tus aras la contemplo,
pues aquí se ha de quedar
por trofeo de tu altar,
por despojo de tu templo.
El néctar con que has brindado
mi feliz venida aceto

(Llegan Astrea y Libia.)

aunque temor y respeto
me han suspendido y turbado,
tanto que, de recatado,
no me atrevo a tus favores
sin que otros labios mejores
lisonjeen tus agravios;
y así, antes que con los labios,
haré la salva con flores.

(Moja el ramillete y sale fuego del vaso.)

Astrea — ¡En fuego el agua encendió!

Libia — ¡Qué es lo que mis ojos ven!

Circe — ¿Quién, cielos airados, quién,
más ha sabido que yo?

Ulises

Quien tus encantos venció
deidad superior ha sido;
y pues a tiempo ha venido
que a tantos vengar espero,
verás, mágica, este acero
en tu púrpura teñido.

Circe

Aunque llego a merecer
la muerte, es bien que te asombre;
que no es vitoria de un hombre
el matar una mujer.
Valor tan hecho a vencer,
no ha de ser, no, mi homicida.
Rendida tienes mi vida:
luego de tu acero hoy
dos veces segura estoy,
por mujer y por rendida.

Ulises

Por rendida y por mujer
darte la muerte no quiero.
Vida tienes, mas primero
que en la vaina vuelva a ver
la cuchilla, has de traer
mis compañeros aquí.

Circe

Eso y más haré por ti.
Oíd, racionales fieras,
en vuestras formas primeras
trocad las formas que os di.

(Salen cada uno de por sí.)

Timantes

¿Qué es lo que me ha sucedido
este rato que he soñado?

Polidoro
En un león transformado
mi letargo me ha tenido.

Floro
¿Qué ajeno de mi sentido
me ha usurpado un frenesí?

Arquelao
¡Gracias a Dios que te vi,
oh campo azul cristalino!

Lebrel
Vive Dios que fui un cochino
y aún me soy lo que me fui.

Circe
Ya libres tus gentes ves.

Ulises
Y ya aquí no hay que esperar:
¡alto, amigos, a embarcar!

Timantes
A todos nos da tus pies
por esta ventura.

Circe
Pues
tan seguro estás de mí,
no te ausentes, no, de aquí
sin que llegue a saber yo
más despacio quién venció
mis encantos.

Ulises
Oye.

Circe
Di.

Ulises
Si caben tantos sucesos
en el coro de unas voces:

la fértil Grecia es mi patria
y Ulises mi propio nombre.
Aunque inclinado a las letras,
militares escuadrones
seguí, que en mí se admiraron
espada y pluma conformes.
Cerqué a Troya y rendí a Troya,
no me permitas que torne
a la memoria sus ruinas;
basta que Venus las llore.
Heredero de las armas
de Aquiles fui, porque logren,
si dueño no tan valiente,
dueño a lo menos tan noble.
Al mar me entregué pensando
volver a mi patria, donde
trocara el bélico estruendo
a regalados favores.
Engañome mi esperanza,
mintiome mi amor, burlome
mi deseo. ¡Oh cuánto fácil
su dicha imagina el hombre!
Venus, del griego ofendida,
mis venturas descompone;
que es, aunque diosa, mujer
en quien duran los rencores.
La cárcel abrió a los vientos,
para mi agravio, veloces;
que para mis esperanzas
aun fueran los vientos torpes.
Ellos, que airados embisten,
la fértil armada rompen,
y yo, turbado, perdí
con la confusión el norte.

Huésped viví de Neptuno
seis años, y por salobres
campañas de agua sospecho
que he dado una vuelta al orbe.
Entre Caribdis y Escila
me vi, y a las dulces voces
del golfo de las sirenas
basilisco fui de bronce.
Llegué al pie del Lilibeo,
ese gigante que opone
al cielo sus puntas siendo
excelsa pira de flores,
donde fui de Polifemo
mísero cautivo, y donde
con su muerte rescaté
mi vida de sus prisiones,
el trágico fin vengando
de Acis, generoso joven,
y la hermosa Galatea,
hija de Tetis y Doris,
que, lágrimas de un peñasco,
al mar en dos fuentes corren,
cuando... Mas deber no quiero
tan poco a hazaña tan noble
que la desluzga en contarla
presumiendo que la ignores;
basta decir que, seguro
de sus castigos atroces,
tuvimos por agradables
de los vientos los rigores;
porque tan airados fueron
que nos trajeron adonde
el riesgo de una mujer
venciese al horror de un hombre,

pues venimos donde tú
mágicas transformaciones
usas: llorando lo digan
esas fieras y esos robles.
Y así, pues tan generosas
deidades más superiores
me aseguran, volveré,
huyendo de tus rigores,
a quebrantar los cristales
dese piélago que sobre
sus espaldas tantos años
huésped me admitió. Descoge,
¡oh surto delfín que vuelas,
varado neblí que corres!,
las alas porque otra vez
la plata del agua cortes,
o con la quilla la rices
o con el buco la entorches.
Torne, pues, al albedrío
de agua y mar la nave, y torne
a llevarme donde fuere
la voluntad de los dioses.

Circe

Retórico griego, a quien
este escollo cristalino,
ese peñasco de nieve,
esa campaña de vidrio,
náufrago huésped le tuvo
tantos años: pues vencidos
los hados llegas trayendo
aquesas flores contigo,
que son antídoto hermoso,
que son conjuro divino
contra mortales venenos,

contra mágicos hechizos,
no tan presto a peinar vuelvas
al mar los cabellos rizos,
que canos y ajados son
hermosos con desaliño.
Deja descansar las ondas;
y ese bajel que al abrigo
de dos montes surto yace,
permite que, agradecido
a la piedad de los cielos,
de los hados al arbitrio,
blanda y no penosamente
bata las alas de lino
en tanto que te reparas
de aquel pasado peligro
que derrotado te trujo
a aquestos montes altivos.
Y para que sepas cuánto
asombro es el que has vencido,
darte relación de mí
este instante solicito:
esa luminar antorcha
que desde su plaustro rico
el cielo ilumina a rayos,
el mundo describe a giros.
Ese planeta que corre
siempre hermoso, siempre vivo,
llevándose tras sí el día
fue el luciente padre mío.
Prima nací de Medea
en Tesalia, donde fuimos
asombro de sus estudios
y de sus ciencias prodigio;
porque enseñadas las dos

de un gran mágico, nos hizo
docto escándalo del mundo,
sabio portento del siglo;
que, en fin, las mujeres, cuando
tal vez aplicar se han visto
a las letras o a las armas,
los hombres han excedido;
y así, ellos envidiosos,
viendo nuestro ánimo invicto,
viendo agudo nuestro ingenio,
porque no fuera el dominio
todo nuestro, nos vedaron
las espadas y los libros.
No te digo que estudié
con generoso motivo
Matemáticas, de quien
la Filosofía principio
fue; no te digo que al cielo
los dos movimientos mido,
natural y rapto, siendo
ambos a un tiempo continuos.
No te digo que del Sol
los veloces cursos sigo
siendo cambiante cuaderno
de tornasoles y visos;
no que de la Luna observo
los resplandores mendigos,
pues una dádiva suya
los hace pobres o ricos.
No te digo que los astros,
bien errantes o bien fijos,
en ese papel azul
son mis letras: solo digo
que esto, aunque es estudio noble,

fue para mi ingenio indigno,
pues pasando a más empeños
la ambición de mi albedrío,
el canto entiendo a las aves
y a las fieras los bramidos,
siendo para mí
agüeros o vaticinios.
Cuantos pájaros al aire
vuelan, ramilletes vivos,
dando a entender que se llevan
la primavera consigo,
renglones son para mí
ni señalados, ni escritos.
La armonía de las flores
que en hermosos laberintos
parece que es natural
sé yo bien que es artificio,
pues son en planta en que el cielo
estampa raros avisos.
Por las rayas de la mano
la quiromancia examino
cuando, en ajadas arrugas
de la piel, el [fin] admiro
del hombre; la geomancia
en la tierra cuando escribo
mis caracteres en ella;
y en ella también consigo
la piromancia cuando
de su centro, de su abismo,
hago abrirse las entrañas
y abortar a mis gemidos
los difuntos que responden
de mi conjuro oprimidos.
Mas, ¿qué mucho, si al infierno

tal vez obediente he visto
temblar de mí, si tal vez
sus espíritus aflijo?
Pero, ¿para qué te canso?
Pero, ¿para qué repito
grandezas mías, si todas
en esta sola las cifro?
Para que mejor pudiese
entregarme a mis desinios,
a Trinacria vine, donde,
en este apartado sitio
del Etna y del Lilibeo,
estos palacios fabrico,
deleitosas selvas fundo
y montes incultos finjo.
Aquí, pues, siendo bandida,
emperatriz de sus riscos,
la vida cobro en tributo
de todos los peregrinos
que, náufragos en el mar,
a la ley de su destino,
cerrado puerto de nieve,
osaron abrir caminos.
Y porque fuese mi imperio
más raro y más exquisito,
esas fieras y esos troncos
todos son vasallos míos;
que los troncos y las fieras
viven aquí con instinto,
pues árboles racionales
son hombres vegetativos.
Esta soy, y con mirar
el Sol a mi voz rendido,
la Luna a mi acción atenta,

obediente a mi suspiro
toda la caterva hermosa
de los astros y los signos;
con saber que cuando quiero
el cielo empaño, que vibro
los rayos, que de las nubes
aborto piedra y granizo,
que hago estremecer los montes,
caducar los edificios,
titubear todo ese mar
y penetrar los abismos;
y, finalmente, trocarse
los hombres sin albedrío
en varias formas, teniendo
ya en las peñas obeliscos,
ya en las cortezas sepulcro
y ya en las grutas asilo:
hoy a tus plantas me postro,
hoy a tu valor me rindo
y como mujer te ruego,
como señora te pido,
como emperatriz te mando,
como sabia te suplico
no te ausentes hasta tanto
que hayas del hado vencido
el rigor con que te trajo
derrotado y perseguido
a inculcar aquestos mares.
Quédate unos días conmigo;
verás trocado mi extremo
de riguroso en benigno
con el gusto que te hospedo,
con la atención que te sirvo,
siendo el Flegra desde hoy,

no ya fiero, no ya esquivo
hospedaje de Saturno
siempre en roja sangre tinto;
selva sí, de Amor y Venus,
deleitoso paraíso
donde sea todo gusto,
todo aplausos, todo alivios,
todo paz, todo descanso.
Y no quieras más indicio
de mi piedad que ser hoy
el primero que ha venido
a aquestos montes a quien
con algún afecto miro,
con algún agrado escucho,
con algún cuidado asisto,
con algún gusto deseo
y con toda el alma estimo.

Ulises — No fuera Ulises si, ya
que a estos montes he venido,
la libertad no trujera
a cuantos aquí cautivos
tiene el encanto. Hoy seré
de aquesta esfinge el Edipo.

Antistes — Señor, no de sus lisonjas
te creas, porque es fingido
su halago.

Lebrel — Huyamos de aquí.

Circe — ¿Qué dices, Ulises?

Ulises — Digo

que no pudiera ser noble
quien no fuese agradecido;
y que conmigo he de ser
cruel por ser cortés contigo.

Casimira

¡Ay de ti, porque no sabes
a lo que te has atrevido!

Circe

Pídeme pues, en albricias,
una merced.

Ulises

Solo pido
que estos dos árboles que hoy
a lástima me han movido
porque fue mi acero causa
de aumentarles su martirio,
en pago de aquesto, sean
a la luz restituidos.

Circe

Este árbol, Flérida, una
divina hermosura ha sido,
dama mía y mi privanza;
rindió al amor su albedrío
enamorada de un joven,
Lisidas es su apellido,
heredero de Toscana
que, de ese mar peregrino,
salió a tierra; y porque osados
profanaron el retiro
de mi palacio, así yacen
en árboles convertidos.
Porque aunque yo fiera y monstruo
tan dada soy a los vicios,
solos delitos de amor

fueron para mí delitos;
tanto que, Arsidas, valiente
joven y príncipe invicto
de Trinacria, a cuyo imperio
estos montes tiranizo,
con saber que enamorado
de mi hermosura ha venido,
no ha merecido tener
más favor que volver vivo.
Pero ya que es la primera
cosa que tú me has pedido,
Flérida y Lisidas rompan
las prisiones que han tenido.

(Ábrense dos árboles y salen Flérida y Lisidas.)

Lisidas

Torpe el discurso, atado el pensamiento,
la razón ciega, el ánimo oprimido,
sin uso el alma, el corazón rendido,
muda la voz y tímido el aliento.
Sin voluntad, memoria, entendimiento,
vivo cadáver deste tronco he sido.
Ya, pues, que me quitabas el sentido,
quitárasme también el sentimiento.
Si de amar, ¡ay de mí!, a Flérida bella
castigo fue esta forma, en vano quieres
que yo me olvide, porque vivo en ella.
Los troncos aman, luego mal infieres
que por ser tronco venceré mi estrella,
pues no la vences tú y más sabia eres.

Flérida

Racional, vegetable y sensitiva
alma el cielo le dio al sujeto humano;
vegetable y sensible al bruto ufano,

al tronco y a la flor vegetativa.
Tres almas son; si de las dos me priva
tu voz porque amo a Lisidas, en vano
solicitas mi olvido, pues es llano
que, aun tronco, alma me dejas con que viva.
No de todo mi amor tendrá la palma
la parte en que has querido conservarme;
de aquella sí, que permitió esta calma.
Luego mudarme en tronco no es mudarme,
porque si no me quitas toda el alma,
todo el amor no has de poder quitarme.

Circe

Agradeced vuestras vidas
al huésped que me ha venido
y vivid los dos seguros
por él ya de mis castigos,
como de vuestros amores
no deis el más leve indicio.

Lisidas

Siempre Ulises me tendrás
a tus pies agradecido.

Flérida

Y siempre confesaré
que por cuenta tuya vivo.

Circe

Pues porque empiecen a ser
desde hoy aplausos festivos,
todo el monte, todo el valle,
todo el mar y todo el sitio,
volved a cantar y todos
con él volved y con migo.

Música

En hora dichosa venga
a los palacios de Circe

el rayo de los troyanos,
el discreto y fuerte Ulises.
En hora dichosa venga...

(Sale Arsidas.)

Arsidas

No venga en hora dichosa
felice en desprecio mío,
ni el que fue sepulcro a tantos,
hoy a uno solo sea alivio.
Peligre en la tierra quien
por aquesos mares vino
en su sombra tropezando
de un peligro a otro peligro.
Ese acento armonioso
que le saluda benigno,
airado trueque en endechas
tristes, fúnebres caistros,
las cláusulas porque sean
de sus tragedias aviso;
que no es justo, no, que un griego
extranjero, advenedizo,
de tanto usado rigor
venga a mudar el estilo.
¿Desde cuándo, Circe bella,
con tanto aplauso festivo,
con tan alegre aparato,
tanto noble regocijo,
al forastero saludas,
recibes al peregrino,
sin que este mar o estas peñas
le sirvan de precipicio,
o ya convertido en fiera
o ya en árbol convertido

tenga en las peñas su estancia,
tenga en las grutas su asilo?
Príncipe soy de Trinacria;
no derrotado y perdido
llegué a este puerto, pues vine
de más afectos traído,
porque aun aquesto también
debieses a mi albedrío;
que no quiso, no, él: solo
porque le fue fuerza quiso; [8]
ni es sacrificio no siendo
voluntario el sacrificio.
Y en cuanto tiempo estos montes
por solo mirarte vivo,
no he debido a tu rigor,
ni a tu crueldad he debido,
una acción a quien me muestre
gustoso ni agradecido,
tanto que aún de tus encantos
libre estos campos asisto,
porque en tantos sentimientos
no me faltasen sentidos.
Pues dos hombres solamente
los que nos libramos fuimos,
Ulises y yo, porque
todo hoy en desprecio mío
resulte; pues, si los dos
nos reservamos, ha sido
Ulises para gozarlo
y Arsidas para sentirlo.

Ulises Si de mi dicha envidioso,
si de mi suerte ofendido...

Circe

Calla Arsidas, si conoces
que la vida te permito,
porque es la mayor venganza
que tomo, como tú has dicho,
dejarte vivir teniendo
sentimientos y sentidos.
Quejarte de mí es decirme
que lo que busco consigo;
y así, porque tú te quejes,
yo la causa no te quito.
Cantad, cantad; y tú ven,
Ulises, al lado mío.

Lebrel (Aparte.)

No son muy malas las dos
Circecillas de a poquito.
No hay que volver a dar cartas,
que yo las tomo y no miro.

Circe (Aparte.)

Habíanme dicho que eran
los griegos, feos y esquivos;
y ni esquivos son, ni feos,
tanto como me habían dicho.

Lisidas

Gracias a Amor que otra vez
Flérida hermosa te miro.

Flérida

Gracias Lisidas a Amor,
que otra vez a amarte vivo.

Circe (Aparte.)

Vencerale mi hermosura
pues mi ciencia no ha podido.

Ulises (Aparte.)

Libraré de aquesta fiera
a Trinacria si amor finjo.

Arsidas (Aparte.) Solo celos me faltaban:
ya está todo el mal cumplido.

Música En hora dichosa venga, etc.

Fin de la primera jornada

Jornada segunda

(Descubre un palacio muy suntuoso, y van saliendo todas las damas por diferentes partes y llegan a la puerta, y sale Circe.)

Libia — Señora, ¿qué llanto es este?

Astrea — ¿Qué pena, señora, es esta?

Clori — ¿Tú lágrimas en los ojos?

Flérida — ¿Tú suspiros y tú quejas?

Tisbe — ¿Qué ocasión pudo moverte
a que sentimientos tengas?

Casimira — Los males comunicados
se alivian si no se vencen.

Circe — Quien tiene de qué quejarse,
¡oh cuánto en quejarse yerra!;
que la justicia del llanto
hace apacibles las penas.
Yo así mi tristeza quiero
que tan poco no me deba,
que en repetirla procure
hacer menor mi tristeza.
Dejadme sola.

[Aparte Libia y Astrea.]

Astrea — ¿Oyes, Libia?

Libia — Razonablemente, Astrea.

Astrea — ¡Plegue a Amor que estos extremos
lo que yo pienso no sean!

Libia — ¡Plegue a Amor que sí! ¿Acaso
qué es lo que plegamos piensas?
Pues si es amor la ocasión
dellos, y ella a ver se llega
enamorada, dará...

Astrea — ¿Qué?

Libia — Libertad de conciencia.

Astrea — Holgareme de salir
de religión tan estrecha
como es el honor. Vestales
vírgenes Diana celebra
entre gentes; mas nosotras,
entre animales y fieras,
somos vírgenes bestiales.

Libia — Calla porque no lo entienda.

(Vanse todas.)

Circe — Flérida, tú no te ausentes:
sola conmigo te queda,
que tengo que hablarte sola.

Flérida (Aparte.) — Sin duda, ¡cielos!, que intenta
darme castigo mayor
que el que en la dura corteza
tuve porque hablé esta tarde

a Lisidas.

Circe
Oye atenta.
Este Ulises, este griego
que esa marítima bestia
subió sin duda en el mar
para escupirle en la tierra;
este que a la discreción
de los vientos, con deshecha
fortuna, tan derrotado
llegó a tocar estas selvas;
este que trujo deidad
superior en su defensa,
pues burlando mis encantos
les tiraniza la fuerza;
este, pues, que mi hospedaje
cortesanamente aceta,
adonde hoy tan divertido
vive olvidado de Grecia:
como si fuera mi vida
Troya, ha introducido en ella
tanto fuego, que en cenizas
no dudo que se resuelva.
Y con razón, porque ya,
en callado fuego envuelto,
cada aliento es un volcán,
cada suspiro es un Etna.
Quisiera... «Quisiera» dije:
mal empecé, pues si es fuerza
querer, Flérida, y ya quiero,
me erré en decir que quisiera.
Quiero, digo; pero quiero
tanto a mi ambición atenta,
que quiero a Ulises y no

quiero que Ulises lo entienda.
Agora te admirarás
de que yo, que tan soberbia
tu amor reñí, te fíe el mío;
pero admiraraste necia,
porque la causa mayor,
porque la ocasión más cierta
de incurrir en una culpa
es haber dicho mal della.
Y porque el contar delitos
a quien es cómplice cuesta
menos vergüenza, yo quise
regatear esta vergüenza
y, porque me cueste menos,
decirlos a quien los sepa.
Yo amo, en fin, Flérida mía:
vengada estás de mi ofensa.
Pluguiera a Júpiter santo
tú transformarme pudieras
a mí en insensible planta,
que yo te lo agradeciera;
porque si supiera entonces
lo que es amor, más quisiera
verte enamorada y viva
que no enamorada y muerta.
Enamorada, en efeto,
llego, y pues tú a saber llegas
qué es amor, de ti pretendo
ayudar una cautela;
y es que, para poder yo
hablar con él sin que él sepa
que soy yo la que le habla,
tú con ruegos y finezas
le has de enamorar de día,

y diciéndole que venga
de noche a hablarte, estaré
yo, con tu nombre encubierta,
donde mi altivez, mi honor,
mi vanidad, mi soberbia,
mi respeto, mi decoro
no se rindan y...

Flérida

Oye, espera,
que quieres hacer en mí
dos costosas experiencias.
Yo amo a Lisidas, y tú,
cruel señora, me ordenas
que disimule el amarle;
yo no amo a Ulises y intentas
que amarle finja; pues, ¿cómo,
a dos afectos atenta,
quieres que olvide a quien quiero
y que a quien olvido quiera?
Damas tienes con quien hoy
partir los afectos puedas;
a un alma basta un cuidado.

Circe

Y aun la misma causa es esa.
Yo sé que quien llega a estar
enamorada no deja
lugar para otro cuidado
en el alma; luego acierta
quien a ella el suyo le fía,
pues que no peligra en ella
el riesgo de enamorarse,
pues ya lo está; de manera
que tú no me darás celos,
y otra sí, cuando te vea

con Ulises, pues tu amor
sanea la contingencia.
Esto ha de ser en efeto.
Mas, ¿qué ruido es ese?

Flérida
Llegan
dos criados aquí, y traen
sin duda alguna pendencia.

Circe
Retírate, que no quiero
que a todas horas me vean,
y escuchemos desde aquí
lo que tratan en mi ausencia.

(Retíranse, y salen Lebrel y Clarín.)

Lebrel
Digo que es la mejor vida
que tuve en mi vida aquesta.

Clarín
¿Eso dices?

Lebrel
Esto digo,
y que en el mundo no hay tierra
como Trinacria, y que Circe
es un ángel en belleza
y condición.

Clarín
Estás loco.

Lebrel
Dime, ¿ella no nos hospeda
como a unos reyes?

Clarín
Es cierto;
mas mucho mejor nos fuera

que en sus palacios estar
en un bodegón de Grecia.

Lebrel

¿No comemos lindamente?

Clarín

No; que no hay comida buena
adonde no doy bocado
que no piense que me deja
hecho un cochino.

Lebrel

No es
tan malo como tú piensas,
que yo lo fui y no me hallaba eso
mal con serlo; de manera
que a cuantos cochinos hay
sin aliño y sin limpieza
disculpo, porque se ahorran
de muchas impertinencias.
Y al caso: ¿dónde hallarás
una cama tan compuesta?

Clarín

No está el descanso en la cama,
ni hay pícaro que no duerma
sin penas en un pajar
mejor que un señor con ellas
en un cama dorada.

Lebrel

¿Dónde estos jardines vieras?

Clarín

¿Para qué quiero jardines?

Lebrel

Cogite: ¿dónde tuvieras
dos mozas de tan buen aire
como son Libia y Astrea?

Clarín Dareme por concluido
en tocándome esa tecla,
pero no confesaré
que Circe no es una fiera
nigromántica, encantadora,
energúmena, hechicera
súcuba, íncuba; y en fin,
es por acabar el tema,
con los demonios demonia
como con los duendes duenda.

Circe [Aparte, a Flérida.] No puedo sufrir ya más
el escuchar mis ofensas.

Flérida No te des por entendida.

Clarín Y es Circe...

Circe ¿Qué es?

Clarín ...una reina;
y a quien dijere otra cosa
le daré, porque no mienta,
dos mil palos como uno;
y a ti, porque no te atrevas
a hablar mal de las señoras
doñas Circes en su ausencia,
yo te haré...

Lebrel Pues, ¿quién hablaba
mal sino tú?

Clarín — Buena es esta;
¡a mí por los filos!

Circe — Basta.

Lebrel — Yo...

Circe — Bien está.

Clarín (Aparte.) — El cielo quiera
que no oyese lo demás.

Lebrel — ¡Que tan gran mentira creas!

Circe — Yo sé bien lo que es verdad.
Vós os salid allá fuera;
que yo haré que mi castigo
hoy escarmiente la lengua
que habló mal de mí.

Clarín — Y será
muy justo.

Lebrel — ¡Que esto suceda!

(Vase Lebrel.)

Circe — A ti, en pago de que así
hoy mis acciones defiendas,
te quiero dar un tesoro
con que rico a Grecia vuelvas.
De ese monte en lo intrincado
llamarás con voces fieras
tres veces a Brutamonte,

que él te dará la respuesta.

Clarín — Mil veces tus plantas beso.
¡Que bien tu gran valor muestras!
A toda ley hablar bien.
¡Que haya hombres de mala lengua!

(Vase Clarín.)

Flérida — ¿Cómo castigas, señora,
al que te defiende y premias
al que te ofende?

Circe — A su tiempo
verás el premio que lleva.

(Sale Astrea.)

Astrea — Ulises desde su cuarto
al tuyo pasa.

Circe — Aquí empieza
del amor y el altivez
la más cautelosa guerra,
pues no he de dar por vencida
la que quiero que se venza.

(Salen Ulises y compañeros.)

Ulises (Aparte.) — Temeroso vengo, ¡ay triste!,
a ver a Circe, si es fuerza
que como sabia la admire
y la admire como bella.
¡Quién no se hubiera fiado

tanto de sí! ¡Quién no hubiera
hecho cautela el quedarse!
Pues ya contra su cautela
es imposible olvidarla
y es imposible quererla.

Circe

En este hermoso jardín,
adonde la primavera
llamó las flores a Cortes
para jurar por su reina
a la rosa, que teñida
en sangre de Venus bella
púrpura viste real,
generoso honor de Grecia,
en tanto que de una caza
boreal el término llega,
que será luego que el Sol
vaya perdiendo la fuerza,
con músicas y festines
te espero, porque la ausencia
y memorias de tu patria
entretenido diviertas.

Ulises

Bellísima Circe, en quien
por lo hermoso y lo discreto
o está de más el ingenio
o está de más la belleza,
no es menester que mi vida
tantas lisonjas te deba
para que rendido siempre
a tus plantas la agradezca;
que merecer adorar
tu hermosura...

Circe
Aguarda, espera;
que este cortés cumplimiento
no quiero, Ulises, que sea
carta de favor con que
a mi respeto te atrevas;
que una cosa es hospedarte
agradecido a tus prendas,
y otra es escucharte amores.

Ulises
Ni yo, Circe, me atreviera
a decirlos; que una cosa
es cortesana fineza
y otra, fineza amorosa.

Circe
Pluguiera a Dios que lo fuera.
En esta tejida alfombra
que de colores diversas
labró el abril, a quien sirve
de dosel la copa amena
de un laurel, al Sol hagamos
apacible resistencia:
vayan tomando lugares
todos, y tú aquí te asienta.

Ulises
Temo enojarte otra vez.

Circe [Aparte, a Flérida.]
Flérida: a entablar empieza
lo que has de fingir.

(Van tomando lugares las damas y los galanes, y Ulises se sienta en medio de Circe y Flérida.)

Flérida
Aquí
me siento porque quisiera

daros a entender, Ulises,
lo que me debéis.

Lisidas (Aparte.) ¡Qué llegan
a ver mis ojos, ay cielos!
Flérida al lado se sienta
de Ulises, y con él habla;
denme los cielos paciencia.

Antistes (Aparte.) Infelices de nosotros
si a estas lisonjas se entrega
Ulises, pues tarde o nunca
daremos la vuelta a Grecia.

(Vase.)

Música Solo el silencio testigo
ha de ser de mi tormento,
y aun no cabe lo que siento.
en todo lo que no digo.

(Sale Arsidas.)

Arsidas Si para ver sus desdichas
siempre ha tenido licencia
un triste, porque el pesar
a nadie cerró las puertas,
no te admires que la tome
yo y que a tus jardines venga,
pues he de mirar mis celos,
a mirarlos de más cerca.

Circe Yo no doy satisfaciones,
pero huélgome que seas

testigo desto porque
sin que yo las dé las tengas.

Arsidas

Pues siendo así, y que ya Ulises
está a la mano derecha
como escogido, yo tomo,
como dejado, la izquierda.

Circe

Pues habemos de pasar
aquí el ardor de la siesta,
porque una aguda cuestión
más a todos entretenga,
haz Flérida una pregunta
y cada uno la defienda.

Flérida

Diré lo que a mí me pasa
porque Lisidas lo entienda:
Danteo ama a Lisis bella,
y Lisis manda a Danteo
disimular su deseo.
Silvio olvida a Clorida, y ella
manda que finja querella.
Danteo amando ha de callar;
Silvio no amando mostrar
que ama, siendo esto forzoso.
¿Cuál es más dificultoso,
fingir o disimular?

Ulises

Disimular, el que amó,
lo más difícil ha sido.

Arsidas

Fingir, el que no ha querido,
más difícil juzgo yo.

Casimira Esta opinión me agradó.

Arquelao Yo estotra pienso seguir.

Clarín ¿Quién disimula el sentir?

Lisidas Y, ¿quién fingirá el amar?

Lebrel Lo más es disimular.

Arsidas Lo menos es el fingir.

Ulises El hombre que enamorado
está (quien lo está no ignora
que esto es así) a cualquier hora
trae consigo su cuidado;
el que finge no olvidado
puede estar hasta llegar
de fingir tiempo y lugar;
luego si a su afecto es juez,
una siempre, otro tal vez,
más cuesta el disimular.

Arsidas La misma razón ha sido
la que da la vitoria.
Consigo trae su memoria
quien ama; quien finge, olvido.
Luego el que ama no ha podido
olvidarse de sentir;
quien finge sí, pues ha de ir
tras la ocasión que se pierde
sin que nadie se lo acuerde:
luego más cuesta el fingir.

Ulises
El fingir se trae consigo
un cuidado también, pues
batalla es fingir, mas es
batalla sin enemigo;
la del que ama, no: testigo
es uno y otro pesar.
Este tiene que triunfar
de muchos afectos ciego,
aquel de uno solo: luego
más es el disimular.

Arsidas
Mayores afectos miente
que el que siente un mal crüel
y le disimula, aquel
que le dice y no le siente.
Pruébase esto claramente
si un representante a oír
vamos, porque persuadir
nos hace entonces que amó,
y a un enamorado no:
luego más es el fingir.

Ulises
Yo siento esto.

Arsidas
Estotro yo.

Circe
¿Qué es esto? Pues, ¿cómo así
habláis delante de mí?
Duelos del ingenio no
el acero los lidió.
Y así, para que salgamos
de la cuestión en que estamos,
desde el empuñado acero
hoy a la experiencia quiero

que la duda remitamos.
Ulises no ama, y defiende
que es más celar un ardor.
Arsidas ama en rigor,
y que es más fingirle entiende.
Y así mi ingenio pretende
la cuestión averiguar:
los dos la habéis de mostrar
hoy conmigo, y sin reñir:
tú, Ulises, has de fingir;
tú, Arsidas, desimular.
Y el que en la experiencia hiciere
primera demonstración,
por premio de la cuestión
una rica joya espere.

Arsidas — Mi amor acetar no quiere
el partido, pues la llama
ha de ocultar que le inflama;
y Ulises no ha de fingir,
pues nada finge en decir
que te ama, si te ama.

Circe — Sospechas son de tus celos,
y esto ha de ser.

Ulises — Desde aquí
finjo ser tu amante.

Circe (Aparte.) — Así
abran camino los cielos
para explicar mis desvelos.

Arsidas — Yo disimulo que no

te quiero, pues me obligó
tu precepto.

Circe (Aparte.)

Desta suerte
al uno y el otro advierte
mi amor lo que deseó.

Flérida [Aparte.]

Si le das a cada uno
un cuidado, ¿cómo, ¡ay Dios!,
quieres que yo tenga dos?
Pues en mal tan importuno
son muchos cuidados uno.

Circe [Aparte.]

Si ambos los has de tener,
¿quién te metió, di, en saber
cuál de los dos en rigor
era cuidado mayor,
pues no habías de escoger?

Arsidas (Aparte.)

Circe se va, ingrata y bella;
y aunque su ausencia sentí,
no la seguiré, que así
disimularé el querella.

Ulises (Aparte.)

Circe se ausenta. Tras ella
iré, aunque mi mal infiero
por mostrarla que la quiero.

Circe

¿Dónde, Ulises, vas?

Ulises

Tras ti,
que eres el Sol de quien fui
girasol; vida no espero,
ausente tu rosicler;

y así tus reflejos sigo.

Circe — Arsidas, ven tú conmigo.

Arsidas — Tengo otra cosa que hacer;
perdona, no puede ser.

(Vase.)

Circe — Bien a los dos considero
en el embate primero.
(Aparte.) ¡Oh si este amor, si este olvido,
uno no fuera fingido
y otro fuera verdadero!

(Vanse todos, y Flérida detiene a Ulises.)

Flérida — Oye, Ulises.

Ulises — ¿Qué me quieres?

Flérida — Estoy tan agradecida
a la deuda de mi vida
que, hasta decirte que eres
quien hoy en ella prefieres
sus sentidos, no tendré
sosiego en ellos; porque
es el agradecimiento
el más preciso argumento
para probar una fe.

Ulises — De tus penas obligado,
decir puedo, y afligido,
antes de haberlas sabido

ya me había lastimado.
No debes a mi cuidado
lo que por ti no hice allí
cuando a la luz te volví,
porque tú no tienes, no,
que agradecer lo que yo
no supe que hacía por ti.
Ahora sí que debieras
mi deseo agradecer,
pues almas quisiera ser
para que tú las tuvieras.

Flérida — Aunque acciones lisonjeras,
agradezca su trofeo
con mis brazos mi deseo.

(Abrázanse; y salen por dos puertas Circe y Lisidas.)

(Aparte.) — Yo misma de mí me admiro.

Lisidas (Aparte.) — ¡Qué es esto, cielos, que miro!

Circe (Aparte.) — ¡Qué esto, dioses, que veo!

Lisidas (Aparte.) — El griego Ulises es quien
darme vida y muerte espera.

Circe (Aparte.) — Bien que fingiese quisiera;
no que fingiese tan bien.

Lisidas (Aparte.) — Muerte mis celos me den.

Circe (Aparte.) — Mas, ¿de qué debo quejarme?

Lisidas (Aparte.)

La vida intenta quitarme
que me ha dado, Ulises, ¡cielos!;
porque darme vida y celos
no deja de ser matarme.

Flérida [A Ulises.]

Estaré, como te digo,
de noche en ese jardín
que cae sobre el mar, a fin
de que él solo sea testigo
del afecto a que me obligo.

Ulises

Flérida, no es grosería
que responda la voz mía
que no te ha de obedecer,
pues es más desaire ser
amada por cortesía.
Yo he de fingir ser amante
de Circe, y no lo fingiera
si otro favor admitiera
tan poco firme y constante.
No el desengaño te espante;
que aunque de mi pensamiento
otro haya sido el intento,
cesó; que en el mal que sigo
solo el silencio testigo
ha de ser de mi tormento.

(Vase.)

Flérida (Aparte.)

No pudiera responder
más a mi contento nada,
pues de verme despreciada
soy la primera mujer
que gusto llevo a tener.

Lisidas (Aparte.)

¿Qué espero? Mas, ¡ay de mí!;
que está Circe ingrata allí.
Ocasión esperaré
de quejarme, si podré.

Flérida

¿Aquí estás señora?

Circe

Sí.

Flérida

Luego ya bien entablado
lo que me has mandado habrás
visto.

Circe

Sí Flérida; y más
de lo que te había mandado.

Flérida

¡Encarecí mi cuidado
con afecto, ay de mí, cuanto
supe!

Circe

Deja afecto atento,
Flérida, que amando muero,
y bien que lo finjas quiero
mas no que lo finjas tanto.
Demás, que si en los primeros
lances pierdo los sentidos,
no quiero celos fingidos
que sepan a verdaderos.
Tus afectos lisonjeros
cesen, pues que su castigo
fingido fue tal conmigo
que no digo su tormento;
y aun no cabe lo que siento

en todo lo que no digo.

(Vase.)

Flérida

¿Quién más necio extremo vio?
¿Hay más penas que por mí
pasen este instante?

Lisidas

Sí,
que aun agora falto yo.
No, Flérida hermosa, no
porque a quejarme me obligo,
porque para mi castigo,
que esto hable, que esto vea,
no quiero más de que sea
solo el silencio testigo.

Flérida

Lisidas, si has escuchado
lo que a Ulises dije aquí,
también lo que Circe a mí
es fuerza que hayas notado.
No lince para el cuidado
y ciego para el contento
estés; que este fingimiento
si fue causa de mi engaño,
también, también desengaño
ha de ser de mi tormento.

Lisidas

De un triste el rigor es tal
que, aunque mal y bien estén
iguales, duda del bien
el crédito que da al mal.
Uno y otro en mí es mortal;
y así, al bien y al mal atento,

Flérida, ausentarme intento
de aqueste monte crüel
que, con ser tan grande, en él
aun no cabe lo que siento.

(Vase.)

Flérida

Oye, escucha... Mas, ¡ay cielos!,
¿con qué podrán mis enojos
detenerle, si los ojos
no pueden, que en sus desvelos
rémoras son de los celos?
En vano, ¡ay de mí!, le sigo;
no a explicar mi mal me obligo,
pues que no sabe, no ignoro
aún nada de lo que lloro
en todo lo que no digo.

(Vase, y sale Clarín.)

Clarín

Engañada Circe bella,
que en efeto las mujeres
que saben más en el mundo
se engañan más fácilmente,
agradecida me dijo
que a este monte me viniese
y que en hallándome solo
a Brutamonte le diese
voces; que al instante el tal
Brutamonte, sea quien fuere,
me trairía un gran tesoro.
Solo estoy, ya no hay que espere.
¡Brutamonte! No responde.
¡Brutamonte! No me entiende.

A tres irá la vencida:
¡Brutamonte!

(Sale un gigante.)

Brutamonte ¿Qué me quieres?

Clarín Nada, si fuere posible,
es cuanto puedo quererte.

Brutamonte Ya me has llamado, y ya sé
a lo que vengo, que es este
recado que traigo.

(Sacan una arca dos animales.)

Clarín ¿Y no
la señora Circe tiene
otros pajecicos más
mañeros que la trujesen?
Porque para mí bastaran
menor seis varas o siete.

Brutamonte De mí se sirve, que soy
de cíclopes descendiente,
por más majestad; y espero,
antes que de aquí se ausenten
los griegos, vengar en todos
de Polifemo la muerte.

Clarín Poco hay que vengar en mí;
que yo no le toqué y siempre
le tuve, ¡viven los cielos!,
tanto miedo como este,

que otro hipérbole no sé
con que más encarecerle.

Brutamonte
Toma esta caja que traigo
para ti.

Clarín
Bien.

Brutamonte
Y agradece
a Circe que su obediencia
atadas mis manos tiene
para que no te arrebate
de un brazo y contigo diese
de esotra parte del mar.

Clarín
Lindo saque fuera ese;
pero aunque hiciera buen vote,
¿quién de allá había de volverme?

Brutamonte
Y si esto no hiciera, hiciera
otra cosa.

Clarín
¿Cuál?

Brutamonte
Comerte
de un bocado.

Clarín
Y aún no hubiera
harto para untar un diente.

Brutamonte
¡Oh, llegue el día en que tenga
esta licencia!

Clarín
¡Oh, no llegue

nunca, sino despeado
en el camino se quede!

Brutamonte
Toma la caja, y en ella
hallarás más que quisieres.

Clarín
Un modo de despedirte
quisiera hallar solamente.

Brutamonte
Pues yo me voy.

Clarín
Haces bien;
que gigantes tan corteses
en esta tierra se usan,
que poquito se detienen
en conversaciones donde
estorban.

Brutamonte
Y cuantas veces
me nombrares...

Clarín
¿Qué?

Brutamonte
...vendré
a estos países a verte.

Clarín
Yo le ahorraré ese trabajo
cuantas veces yo pudiere.
¿Fuese? Parece que sí,
aunque aquí no lo parece.
Pero, ¿de qué tengo miedo
si es, humilde y obediente,
un novicio de gigantes?
Y pues el tesoro viene,

¿quién me mete en discurrir?
Traígale quien le trujere.
¡Alto pues! La caja abro,
que la llave en ella tiene.
¿Quién duda que habrá diamantes
como el puño, como nueces
perlas y como las bolas
de los bolos, los claveques?

(Abre la caja y sale una Dueña.)

Mas, ¿qué es lo que miro?

Dueña Miras
a una mísera sirviente
que para servir de escucha
y parlar cuanto dijeres
de Circe, me manda que ande
contigo acechando siempre.
Por eso en traje de dueña
me envía para que aceche.

Clarín Lindo tesoro de chismes
en la tal arca me viene.
¿Yo dueña, tras un gigante?
Aquí falta solamente
para que el triunfigurato
de caballeros noveles
esté cabal, un enano.

Dueña Pues no faltará, si es ese
el defeto, Brunelillo.

(Sale un Enano.)

Enano
¿Doña Brianda?

Clarín
¿De dónde
sales, átomo viviente?

Enano
De mi casa, que lo es
esta caja donde siempre
a cuestas me has de traer.

Clarín
Pues, ¿cómo aquí caber puede
un enano y una dueña,
si cualquiera dellos suele
no caber en todo el mundo?

Dueña
Brunelillo, gente viene
y no es justo que nos vean.
[A Clarín.] Oye, dóblenos y cierre
la caja.

Enano
Circe le manda
que siempre al hombro nos lleve,
y lo que dijere oigamos.

Dueña
Y aún más de lo que dijere.

(Métense en la caja y cierran.)

Clarín
Señores, ¿qué es lo que pasa
por mí? ¿Qué tesoro es este?
Vive Júpiter que juntos
a su cáscara se vuelven.
Aquí hay trampa, ¡vive Dios!;
mas no, en la caja no tiene

por dónde haberse salido.
¿Qué haré en confusión tan fuerte?
Si de Circe no obedezco
el castigo que me ofrece,
otro mayor me dará,
si es que otro ser mayor puede.
Llevarle la caja, pues.
Ahora veo claramente
por qué el gigante la trujo
y los animales fuertes:
porque cosa tan pesada
como una dueña, no puede
sufrirla sino un gigante,
quien compra dueñas y enanos
como peines y alfileres.

(Sale Lebrel.)

Lebrel [Para sí.] (¡Que tal pensase de mí
Circe, y que a Clarín creyese!
Huyendo vengo a este monte
donde a los dioses pluguiese
que al castigo que me espera
hallara donde esconderme.
Pondré que aquesta es la hora
que está tratando de hacerme
sabandija destos montes,
gusarapo destas fuentes.
Este es Clarín, y aquí dél
será razón que me vengue.)
Huélgome de haberte hallado,
Clarín.

Clarín Por más que te huelgues,

no tanto como me pesa.

LEBREL
Que vengo a darte la muerte.

CLARÍN
Yo vengo a darte la vida.

LEBREL
¿De qué suerte?

CLARÍN
Desta suerte:
Circe, obligada de mí,
en esta caja me ofrece
un tesoro, y yo con él
pretendo satisfacerte;
porque si del bien hablar
el premio, Lebrel, es este,
con dártele a ti tendrás
el premio tú que mereces.
¿Puedes obligarme a más
de que todo te le entregue?
Toma la caja.

LEBREL
No quiero
que todo a dármele llegues
sino, pues me desenojas,
que partamos igualmente.

CLARÍN
Pues llevaraste la dueña
y yo el enano.

LEBREL
¿Qué quieres
decir en eso?

CLARÍN
No sé;
tú lo verás si la abrieres.

(Ponen la caja en otra parte, y ábrelo Lebrel.)

Lebrel — Ponla aquí; ya abierta está.
¡Qué joyas tan excelentes!

Clarín (Aparte.) — Son muy excelentes joyas
para el diablo que las lleve.

Lebrel (Va sacando todo lo que dice.)
Aquesta cadena escojo
y esta para ti se quede.

Clarín — ¿Ca... qué?

Lebrel — Cadena; y ahora
de diamantes este fénix
para mí y esta sirena
toda de esmeraldas verdes
te dejo.

Clarín (Aparte.) — Viven los cielos
que es imposible que hubiese
diamantes donde hubo dueñas.

Lebrel — Yo no quiero parecerte
codicioso: este me basta;
lo demás es bien te deje.
¿Quién no se desenojara
con tesoro como este?
A buscar a Libia voy
y a darla cuanto quisiere.

(Vase.)

Clarín

Yo estoy borracha o yo
sueño cosas diferentes
o perdido mi juicio
o tengo un grande accidente
u de Circe he hablado mal.
¡Que joyas hallar pudiese
donde yo dueñas y enanos!
Mas yo las vi claramente;
y supuesto que las hay,
tomaré las que pudiere.

(Sale la Dueña no más que el medio cuerpo.)

Dueña

Señor, diga a Brunelillo
vuesa merced que me deje
hacer mi labor.

(Sale el Enano.)

Enano

Señor,
dígala usted que no llegue
a lamerme la merienda.

Dueña

Tú mientes.

Enano

Tú eres quien mientes.

(Aporreando se hunden.)

Clarín

¿Qué es lo que pasa por mí?
¡Valedme dioses, valedme!
Esto trujo Brutamonte.

(Sale Brutamonte.)

Brutamonte ¿Qué me mandas?

Clarín (Aparte.) (¡Qué obediente
es toda aquesta familia!
¡Con la presteza que vienen
en llamándolos!) Señor
Brutamonte, a quien prospere
Júpiter con la salud
que su gigantez merece:
yo he visto la caja, y yo
le ruego que se la lleve;
quédese para señores
esto de trastos vivientes,
que no he menester alhajas
que coman y no aprovechen.

Brutamonte ¿Para eso se llama un hombre
como yo? Estoy por hacerle...

Clarín Por deshacerme dirá.

Brutamonte ...piezas; y si le sucede
llamarme otra vez...,

Clarín No hará.

Brutamonte ...por Júpiter que le eche
tan alto de un puntapié
que cuando a los cielos llegue,
ya llegue muerto de hambre,
y cuando vuelva, si vuelve,
de los pájaros comido.

(Vase.)

Clarín — Puntapié bien excelente.
¿Dónde la hacen puntapiés?
No sé, vive Dios, qué hacerme
entre los tres enemigos
del cuerpo.

(Salen Astrea y Libia y Lebrel.)

Lebrel — Un instante breve
habrá que le dejé aquí
con las joyas.

Astrea — Tiempo es este
de buscarle, que está rico;
ven Libia con migo a verle.

Libia — Aquí esta. Clarín, ¿qué hay?

Lebrel — ¿De qué suspiras?

Astrea — ¿Qué tienes?

Clarín — Tengo dueña, tengo enano
y tengo gigante.

Astrea — Vuelve
y dinos qué es esto.

Clarín — Es
la dueña que me atormenta,
el enano que me valga

y el gigante que me lleve.

Astrea — Estás loco.

Clarín — ¡A Dios pluguiera!

Astrea — ¿Qué modo de hablarme es este?
De otra manera Lebrel
a Libia habla, adora y quiere,
pues una joya le ha dado
y tú ninguna me ofreces
de tantas.

Clarín — Déjame Astrea
y no de joya me tientes,
que me harás desesperar.

[Voces] (Dentro.) — Por acá, por acá.

Circe [Dentro.] — Sube,
remontada garza, a hacerte
estrella viva de pluma.

Astrea — Circe es esta que aquí viene;
yo no quiero que me vea.

Lebrel — ¡A Júpiter para siempre!

(Vanse las dos mujeres y sale Circe.)

Circe — Por ver si Ulises me sigue
me he perdido de mi gente,
y dejando a un tronco atado
ese céfiro obediente

que fatigué, he de esperar
entre estos álamos verdes.
¿Quién está aquí?

Clarín — Un mentecato,
un sucio, un impertinente,
un necio, un loco, un menguado
y un cuanto usted quisiere.
Sáqueme, por Dios, de dueñas,
de hombres largos y hombres breves,
aunque me convierta en mona.

Circe — Yo lo haré, si eso pretendes.

Clarín — No me tome la palabra
tan presto si la parece.

Circe — Y porque me debas más
que otros que mi voz convierte,
haré que tengas tu voz
y tu entendimiento. Vete
de aquí.

Clarín — No lo dije yo
por tanto.

Circe — Un punto no esperes
hasta mirarte a un espejo.
(Aparte.) Ya en su forma no ha de verse.

Clarín — Si es que mona me has de hacer,
solo quiero merecerte
que sea mona de lo caro,
más que dormilona, alegre.

¡Hombres-monas!, presto habrá
otro más de vuestra especie.

(Vase.)

(Sale Ulises.)

Ulises

Por más que te he seguido,
corto el aliento de ese bruto ha sido,
si bien con harto rastro te seguía
pues llevabas por señas todo el día.

Circe

De la caza, cansada,
a este apacible sitio retirada
me vine. ¿Qué has volado?

Ulises

Un deseo, ¡ay de mí!, tan remontado
que osó con harto vuelo
calarse entre las nubes de algún cielo,
donde, al fuego vecino,
con ligereza suma,
abrasada la pluma,
subió deseo y mariposa vino.

Circe

De la caza pregunto qué has volado.

Ulises

En ella te respondo que un cuidado.

Circe

Pues, ¿cómo a mí en sentido
equívoco respondes atrevido?

Ulises

Como pienso que sabes que esta culpa
anticipada tiene la disculpa.

Circe Así no me acobardaba...

Ulises (Aparte.) Yo estoy loco.

Circe ...de la porfía de hoy.

Ulises Ni yo tampoco.

Circe ¿Qué dices?

Ulises Que por ella me atrevía.

Circe ¿Por ella?

Ulises Sí.

Circe (Aparte.) (¡Oh, mal haya la porfía!)
Mas, pues fingidos son esos extremos,
hablemos en la caza sola.

Ulises Hablemos.
Luego que tú te retiraste, de una
güernecida laguna
espejo de la hermosa primavera,
se remontó una garza que, altanera,
tanto a los cielos sube
que fue a un tiempo aquí pájaro, allí nube.
Y entre el fuego y el viento,
árbitro igual, ¡oh, válgame su aliento!,
de suerte se interpuso, que las alas
en la diáfana esfera, en la suprema,
o las yela o las quema
cuando las enarbola o las abate;
tan a compás entre las dos las bate,

que, aquí elevadas e inclinadas luego,
aquí dan en el aire, allí en el fuego.
Jeroglífico era
la garza entre la una y otra esfera
de alguno que aquí osado, allí cobarde,
se yela a un tiempo y arde,
y entre el aire y el fuego se embaraza.

Circe — Eso no es de la caza.

Ulises — Es de la pena mía,
que es en parte también volatería.

Circe — Hubiérame ofendido
si no supiera, Ulises, que es fingido.

Ulises (Aparte.) — ¡A Júpiter pluguiera!

Circe (Aparte.) — (Pluguiera al cielo, ¡ay Dios!, que no lo fuera.)
Y pues que solo estás aquí conmigo,
no finjas y prosigue.

Ulises — Ya prosigo.
Átomo ya la garza apenas era
cuando, desenhetrada la cimera
que el capirote enlaza,
mi mano un gerifalte desembraza,
a quien, porque en prisión no se presuma,
la pluma le halagaba con la pluma,
y él, como hambriento estaba,
duro el latón del cascabel picaba.
Apenas a la luz restituidos
se vieron otro y él cuando, atrevidos,
cuanta estación vacía

palestra es de los átomos del día,
corren los dos por páramos del viento,
y en una y otra punta,
esta se aleja cuando aquel se junta;
y el bajel ceniciento
(que bajel ceniciento entonces era
la garza que, velera,
los piélagos surcó de otro elemento),
librarse determina diligente,
aunque navega sola,
hechos remos los pies, proa la frente,
la vela el ala y el timón la cola.
«Mísera garza —dije— combatida
de dos contrarios: bien, bien de mi vida
imagen eres, pues sitiar la veo
de uno y otro deseo».

Circe

Ahora disculparme no has podido,
pues yerras si es fingido o no es fingido.

Ulises

Sí puedo; ser tu amante no fingiera
si a la primera vez te obedeciera.
A uno, pues, y otro embate,
coge las alas o las velas bate,
y poniendo debajo de la una
la cabeza, se deja a su fortuna
venir a pique, cuando
nos pareció caer revoleteando
una encarnada estrella,
y los dos gerifaltes siempre en ella.
Si ejemplo eres, ¡oh tú!, a mi pensamiento,
sé también escarmiento
y no me ofrezcas esperanza alguna
si ha de desengañarme tu fortuna.

Circe

Aunque sea fingido todavía,
es ya en ofensa mía;
pues si te había mandado
fingir antes de ahora tu cuidado,
también te mandé ahora
a solas no fingirle.

Ulises

Pues, señora,
si tu castigo espero
siendo fingido y siendo verdadero:
de verdadero ya el castigo pido,
pues solo esto es fingido en ser fingido.

Circe

¿Cómo, di, tan osado
respondes?

Ulises

Como estoy desesperado.

Circe

¿Cómo tan atrevido
te desvaneces...

Ulises

Como estoy perdido.

Circe

...a hablarme desa suerte?

Ulises

Como finjo quererte.

Circe

¿Luego aqueso es fingido todavía?

Ulises

No, señora.

Circe (Aparte.)

(¡Oh, bien haya la porfía!)
Ulises, aunque fuera

justo que de escarmiento te sirviera
tu osadía, conviene
disimular, porque la gente viene
que hasta aquí me ha seguido.
En su fuerza se queje lo fingido.

(Salen todos.)

Arsidas (Aparte.) (Aunque en tantos desvelos
mis agravios se valgan de mis celos,
no darme intentaré por entendido.
Mas, ¿cómo disimula un ofendido?
Volverme es ya mostrar mi sentimiento:
despejo quiero hacer de mi tormento.)
Siguiéndote, señora, con tu gente,
por la florida margen desta fuente
vine, que ella, pautada de colores,
las señas de tu pie daba con flores.

Circe Hacia esta parte vine
porque es donde la cena ahora previne.

Lebrel ¡Qué bien, qué bien me suena
esta palabra 'cena'!
Mas no veo entre ramas ni entre flores
mesas ni aparadores,
ni ocupado en doméstico trabajo
a la familia de escalera abajo
cruzar muy diligente.

Circe Todos os id sentando brevemente
porque en el campo todos
cenemos juntos hoy; y de varios modos
se sirvan las viandas:

¡hola!, ¡la mesa!

Lebrel — Dime a quién lo mandas.

Circe — A quien ya me ha entendido.

Lebrel — ¡Linda mesa, pardiez, nos ha venido!
¿No me dirás, si desto no te pesa,
cuánto habrá que sembraron esta mesa?

(De debajo del tablado sale una mesa muy compuesta y con luces, y siéntanse Ulises y Circe y Arsidas, y las demás en el suelo.)

Circe — ¡Hola, cantad, cantad! Y divertido
uno y otro sentido
esté con las viandas y las voces
que suenen en los céfiros veloces.

Música — Olvidado de su patria,
en los palacios de Circe,
vive el más valiente griego
si quien vive amando vive.

(Cajas dentro, y sale Libia.)

Libia — Pero, ¿qué es esto que escucho?

Ulises — Pero, ¿qué es esto que oigo?

Flérida — ¡Qué es esto, cielos, que veo!

Arsidas — ¡Qué es esto, cielos, que noto!

Circe — ¿Qué bélico estruendo, qué

marcial ruido, qué alboroto
deja la luz del Sol ciega
y el eco del aire sordo?

Libia

Ese fiero Brutamonte,
ese gigante furioso
que preso, señora, tienes
por guarda de tus hermosos
jardines, porque no robe
nadie sus manzanas de oro,
ofendido que a los griegos,
blanda paz, süave ocio
en tus palacios divierta
olvidados de sí propios,
habiendo sido homicidas
de Polifemo, que asombro
era monstro de los hombres
y era hombre de los monstruos,
comunero de tu imperio,
para vengarse de todos,
convocó del Lilibeo
cuantos cíclopes famosos,
espurios hijos del Sol,
hoy viven de darle enojos;
y dándoles paso al Flegra
Brutamonte cauteloso,
vienen contra ti en escuadras;
mas ordenadas de modo
que, viendo vagar los riscos,
discurrir los promontorios,
parece que aquestos montes
descienden unos de otros,
a cuyo estrépido, a cuyas
voces y suspiros roncos,

el Sol se turba y del cielo
caducan los ejes rotos.

Circe — ¡Ay de mí! ¡En qué gran peligro
estoy, en qué grande ahogo!

Ulises — Dadme mis armas, que yo
saldré a recibirlos solo.

Arsidas — No temas, que yo a tu lado
te defenderé de todo.

Ulises — Porque para mi valor
son tantos cíclopes pocos.

(Ulises va hacia la puerta y Arsidas acude a Circe.)

Arsidas — Porque no quiero más vida,
no, que morir a tus ojos...

Lebrel — Como y cordelejo dicen
que es en el mundo uno propio;
mas la cena que esperaba
es cordelejo, y no como.

Circe — Deteneos, deteneos,
que este aparato ruidoso
solo ha sido una experiencia,
examen ha sido solo,
para ver cuál de los dos
en un peligro notorio
acudía a sus afectos
más noble y más generoso.
Y así, en campañas del aire,

fantásticas huestes formo.

Arsidas

Pues si ha sido esto experiencia
yo soy el que me corono
vencedor y el que merezco,
Circe, tu favor hermoso;
pues, Ulises, acudiendo
a sus armas tan heroico,
dejó de mostrarse amante,
pues en riesgo tan forzoso
no acudió luego a su dama,
que en un amante es impropio.

Ulises

Que acudí a las armas mías
no niego, pero tampoco
niego que de amante ha sido
el efecto más forzoso:
pues que si tomo mis armas,
para defensa las tomo
suya.

Arsidas

Nunca en un acaso
está el discurso tan prompto
que espere a causa segunda;
lo primero es lo más propio.
A las armas fuiste, luego
ya perdiste.

Ulises

Dese modo
tú también, pues si me acusas
de poco amante, de poco
fino, porque no acudí
a Circe, con eso propio
te convenzo, pues que tú
acudiste a sus enojos

y ya te mostraste amante.

Arsidas

Si las nobles leyes noto
de caballería, acudir
a las damas es forzoso,
y así, como caballero,
no como amante, socorro
a Circe.

Ulises

En las de milicia
es ley siempre que arma oigo
acudir a tomar armas;
y así, con valor heroico,
yo, soldado y caballero
y amante, he acudido a todo.

Arsidas

Ya sé que por la elocuencia
has de quedar siempre airoso;
que no heredaras de Aquiles
el grabado arnés de oro
si por el valor hubiera
de dársele a Telamonio.

Ulises

El valor le mereció
y ahora verás si es forzoso,
pues desa voz en ofensa
el Flegra volará en polvo.

Arsidas

Primero arderá en cenizas
con el fuego de mis ojos,
porque a los dos de Trinacria,
volcanes, se añadan otros.

Circe

Pues, ¿qué es esto? ¿En mi presencia

sacáis el acero? ¿Cómo?

Arsidas — Tu respeto me perdone.

Ulises — Perdóneme tu decoro.

Arsidas — Que no hay respeto con celos.

Ulises — Ni decoro con oprobios.

Lebrel — En mi vida me hallé en cena
que no parase en lo propio.

Ulises — ¡Aquí, de Grecia!

Arsidas — ¡Y aquí,
de Trinacria! Que aunque solo
me ves, mis vasallos son
estos brutos y estos troncos.
¡Fieras de Trinacria humanas,
dad a vuestro rey socorro!

(Salen todas las fieras y pónense al lado de Arsidas, y los griegos al lado de Ulises.)

Ulises — Aunque a tus voces se muevan
mejor que al eco sonoro
de Orfeo, en troncos y fieras,
haciendo en ellas destrozo,
apuraré estas montañas
bruto a bruto y tronco a tronco.

(Riñen, y sale Clarín de mona.)

Clarín

Entre griegos y animales
mal trabadas lides noto;
no sé a cuál debo acudir
porque, obligado de todos,
soy por una parte griego
y por otra parte mono.

Circe

Pues no puedo reportaros
con mis voces, con mi asombro
podré. Los aires cubiertos
de vapor caliginoso,
segunda noche parezca,
ya tanto fracaso absortos
del embrión de las nubes
sean los rayos abortos;
y el Sol y la Luna hoy,
viéndose vivir tan poco,
piensen que el camino erraron
de sus celestiales tornos,
o que yo desde la tierra
apagué la luz de un soplo.

(Truenos y granizo, y oscurécese el tablado, y riñen a oscuras.)

Arsidas

¿Adónde, Ulises estás?

Ulises

Con mi acero te respondo.

(Pelean a oscuras.)

Flérida

¡Qué pena!

Casimira

¡Qué ciego abismo!

Arquelao ¡Qué llanto!

Clori ¡Qué triste enojo!

Antistes ¡Qué oscura noche!

Clarín ¡Ah, señores!
¿Somos griegos o qué somos?

Lebrel En tanto que todos andan
tropezando unos con otros...

Clarín En tanto que cada uno
busca de escaparse modo...

Lebrel ...yo a la mesa me remito.

Clarín Y yo a la cena me acojo.

(Suben sobre la mesa y abrázanse uno con otro.)

Lebrel Pero, ¿qué es esto? Un león
dio conmigo.

Clarín Mas, ¿qué toco?
Conmigo ha dado un gigante.

Circe ¡Húndase este suelo todo
y ponga paz la distancia!

Clarín ¡Todo se hunde con nosotros!

(Húndese la mesa y los dos graciosos sobre ella, y con la batalla, a oscuras, se van todos.)

Fin de la segunda jornada

Jornada tercera

(Salen Antistes, Arquelao, Floro, Polidoro, Timantes y Lebrel.)

Antistes

Aunque ya todos sepáis
lo que repetiros trata
mi voz, oídme, que tal vez,
en pena, en desdicha tanta,
aun más que noticias propias
mueven ajenas palabras,
porque, en efeto, ninguno
es juez en su misma causa.
Siempre a la cólera expuestos,
siempre expuestos a la saña,
de los hados rigurosos,
después de fortunas varias,
arrastrados del destino
dimos en aquesta playa
del Flegra, exentos vasallos
del imperio de Trinacria.
Aquí contra los venenos
desa fiera, esa tirana,
antídoto nos dio Juno
en las flores de oro y nácar
que Iris trajo desplegando
arcos de carmín y grana.
Libres, pues, de sus prisiones
nos vimos, y cuando trata
Ulises volver al mar
que ya tuvimos por patria,
el blando halago de Circe,
que cuando ve que no basta
mortales venenos usa
de más venenosas trazas,

persuadió a Ulises que aquí
unos días se quedara
a reparar de los vientos
la repetida inconstancia.
Él, fiado en sus cautelas,
persuadido a que quedaba
a dar libertad a cuantos
en estas rudas montañas
bárbara prisión padecen,
se quedó donde, a la rara
beldad de Circe rendido,
vive sin más esperanzas.
¿Quién creerá que, no bastando
tantos encantos ni tantas
ciencias, a vencer sus hados
una hermosura bastara?
Mas todos lo creerán, todos,
pues todos a ver alcanzan
que un amor y una hermosura
son el camino del alma.
Rendidos, pues, al amor,
tanto los dos se declaran,
desde la noche que fueron
argumento las espadas
y pusieron paz las nubes
densas, oscuras y pardas,
que Arsidas, celoso y triste,
lleno de celosa rabia,
se fue a su corte, quizá
a disponer su venganza.
Ulises, pues, sin recelo,
solo de sus gustos trata
siempre en los brazos de Circe,
y asistido de sus damas,

en academias de amores,
saraos, festines y danzas.
Yo, pues, viéndonos perdidos,
hoy he pensado una traza
con que a su olvido le acuerde
de su honor y de su fama,
y es que, pues el otro día
cuando oyó tocar al arma
se olvidó de amor y fue
tras la trompeta y la caja,
a todas horas estemos,
desde el bajel que en el agua
surto está, tocando a guerra
como que a Circe hacen salva;
cuya voz, noble recuerdo,
será de su olvido clara
sirena que tras su acento
los sentidos arrebata.

Polidoro

Dices bien, y yo el primero
seré que esta tarde haga
la experiencia.

Timantes

Pues agora
es tiempo; que Ulises anda
estos jardines que hermosos
narcisos son de esmeralda
y, enamorados de sí,
se están mirando en las aguas.

Arquelao

Yo seré el que desde el mar
haré que toquen al arma;
Antistes aquí se quede
para prevenir que es salva

que a Circe hace nuestra gente.

Lebrel — Si entre tantos votos halla
lugar un juro, yo juro
a la deidad soberana
de Júpiter que hacéis mal
en prevenir esta traza.

Floro — ¿Por qué?

Lebrel — Porque Circe sabe
mejor lo que aquí se habla
que nosotros, y podrá
tomar de todos venganza.
Escarmentad en Clarín,
que habló mal della y airada
se vengó, pues no sabemos
qué hay dél ni por dónde anda.

Floro — Todo eso es temor.

Lebrel — Es cierto.

Arquelao — Dejalde, no le creáis nada
y vamos a nuestro intento.

Todos — Vamos.

(Vanse todos y quédase Lebrel.)

Lebrel — Vuesarcedes vayan,
que yo me quedo a tratar
cosas de más importancia.
De todos los animales

que por estos campos andan,
quisiera coger alguno
que a Grecia después llevara,
cuando quisieren los dioses
escaparnos de Trinacria;
porque fuera para allá
importantísima alhaja
uno dellos, pues a verle
solamente se juntara
toda Grecia, y yo tuviera
con él segura ganancia.
Cierta mona aquestos días
siempre cocando me anda
con gestos y con visajes,
y a esta quisiera pescarla;
para cuyo efeto traigo
este cordel con que atarla
luego que la vea, porque
es juguetona y es mansa.

(Sale Clarín de mona.)

Clarín

Hacia aquí, si no me engaño,
mis compañeros estaban,
aunque después que soy mona
por donde quiera que vaya
hallaré mis compañeros.
Por señas les diré que hagan
que me dé libertad Circe,
pües lo monado basta.

Lebrel

Vela aquí. Yo quiero echarle
este lazo a la garganta.
Ahora es tiempo. ¿Qué me estorba,

qué me turba o qué me espanta,
si una mona diz que es fácil
de coger? Díganlo tantas
como cogidas me escuchan.
No escaparéis de mis garras.

(Échale el lazo.)

Clarín

¡Ay, que me ahogas, Lebrel!
No en el pescuezo me hagas
la presa.

Lebrel

Por más que coques
no te irás.

Clarín (Aparte.)

(¿No es cosa extraña
que hable para mí y discurra
con sentidos, vida y alma,
y con los otros no pueda
articular las palabras?)
Lebrel, mira, que soy yo.

Lebrel

¡Cómo brinca y cómo salta!
No puedo llevar a Grecia
cosa de más importancia.
Señora mona, desde hoy
hemos de ser camaradas;
no hay sino tener paciencia
y venir conmigo.

Clarín

Basta,
que no me entiende.

Lebrel

¡Qué gestos

hace y con qué linda gracia!

(Salen Astrea y Libia.)

Libia
En todo el día no hay verte,
Lebrel. Dime, ¿dónde andas?

Lebrel
He andado a caza de monas,
y a fe que no es mala caza,
y esta he cogido.

Libia
¡Ay qué linda
monica!

Lebrel
Cócala, Marta.

Libia
¿Qué piensas hacer con ella?

Lebrel
Pienso, Libia mía, llevarla
a Grecia y enseñarla allá
a tocar una guitarra,
a andar por una maroma
y a hacer vueltas en las tablas.

Clarín
¿Yo por maroma? ¿Yo vueltas?
Esto solo me faltaba.

Astrea
Dime, Lebrel: y Clarín,
¿dónde está?

Clarín
Aquí.

Astrea
Allá te aparta.

Lebrel — Desde el día que quedó
cargado de joyas tantas...

Clarín — Tal tengas tú la salud.

Lebrel — ...no le vi, ni sé qué se haya
hecho.

Clarín — Yo sí.

Astrea — Su codicia
le ha escondido.

Clarín — ¡Ay mayor rabia!

Libia — Circe hacia esta parte viene.

Lebrel — Porque si acaso se enfada
de que cogiese esta mona,
me voy. Ven conmigo, Marta.

Clarín — Si me ahoga, ¿qué he de hacer?

Lebrel — ¡Oh, cómo he de regalarla!

(Salen Circe y Ulises y todas las mujeres.)

Circe — En esta florida margen
desde cuya verde estancia
se juzga de tierra y mar
las dos vistosas campañas,
tan contrariamente hermosas
y hermosamente contrarias
que neutral la vista duda

cuál es la yerba o el agua,
porque aquí en golfos de flores
y allí en selvas de esmeraldas
unas mismas ondas hacen
las espumas y las matas
a los suspiros del noto
y a los alientos del aura,
puedes descansar, Ulises,
las fatigas de la caza
en mis brazos.

Ulises Dices bien,
pues solo en ellos descansa
el alma porque ellos solo
el centro han sido del alma.

Circe Con todas esas finezas
temo, Ulises, que me engañas.

Ulises ¿Por qué?

Circe Por pensar que dura
aquella ficción pasada.

Ulises Nunca lo fue para mí.

Circe ¿Quién lo asegura?

Ulises Mis ansias.

Circe ¿Quién lo dice?

Ulises Mis deseos.

Circe
Es engaño.

Ulises
Es verdad clara.

Circe
¡Quién, Ulises, la supiera!

Ulises
Escucha, Circe, y sabrasla.
Vengativa deidad, deidad ingrata,
que a la de Juno y Júpiter se atreve,
huésped de esa república de nieve,
vecino de ese piélago de plata,
tantos años la patria me dilata,
y tantos contra mí peligros mueve,
que, porque fuese mi vivir más breve,
a tus umbrales derrotarme trata.
A ellos llegué seguro y defendido
de escándalo, de horror, de asombro tanto
como has en tierra y mar introducido.
Tus encantos vencí, mas no tu llanto.
Pudo el amor lo que ellos no han podido:
luego el amor es el mayor encanto.

Circe
Con toda aquesa fineza
la que me debes no pagas,
porque fue mayor la mía.

Ulises
¿De qué suerte?

Circe
Oye y sabrasla.
Vengativa y cruel, porque te asombres,
a pesar de deidades y de fieras,
reina desta república de fieras,
señora deste piélago de hombres
viví; y porque más bárbara me nombres,

ninguno abortó el mar a estas riberas
que a mí, sangrienta mágica, no vieras
trocar las formas y mudar los nombres.
Llegaste tú y, queriendo tu homicida
ser, burlaste mis ciencias. Con espanto,
queriéndote vencer quedé vencida.
Sí; mi encanto al mirar asombro tanto,
al encanto de amor rindió mi vida:
luego el amor es el mayor encanto.

Libia La música que has mandado
prevenir está, señora,
esperando.

Circe Por agora
no cantéis, que desvelado
se da Ulises por vencido
a la deidad de Morfeo,
a cuyo letal trofeo
las potencias ha rendido
haciendo de todas dueño
esta macilenta sombra
que a un tiempo halaga y asombra,
pues es descanso y es sueño.
Infundid aves y flores
para aliviar sus congojas,
silencio en templadas hojas,
suspended vuestros amores.
No hagan ruido los cristales
de los arroyos; callando
corran las fuentes, mostrando
obedientes y leales
el amor que en mí se encierra
y en retórico silencio

digan cuánto reverencio
su descanso.

[Voces] (Dentro.) ¡Guerra, guerra!

(Tocan cajas, dentro, a un lado.)

Circe ¡Qué es esto! Cuando pretendo
silencio, ¿hay quien le interrompa?

Ulises Guerra publica esta trompa,
guerra publica este estruendo.
Pues, ¿cómo, ¡ay dioses!, así
es hoy perezoso el sueño,
de nobles sentidos dueño?
No soy sin duda el que fui,
pues a delicias süaves
entregado, ¡ay de mí!, estoy
y tras los ecos no voy
más belicosos y graves.
Perdona, Circe; que así,
habiendo guerra y furor,
no me ha de tener amor.

Circe ¡Detente, escucha! ¡Ay de mí!
¿Quién ese clarín tocó?

(Sale Antistes.)

Antistes Quien pensando que sería
lisonja, salva hacía
cuando desde el mar te vio.

Ulises Aquí no hay ya que esperar;

la guerra me ha despertado
porque en el alma ha tocado
la sirena militar.

Circe

Para templar el furor,
cantad de amor, cantad pues.

(La música al otro lado.)

Música

¿Dónde vas, Ulises, si es
el mayor encanto, amor?

Ulises

¿Qué blandas voces süaves,
repetidas en los vientos,
son con sonoros acentos
dulce envidia de las aves?
¡Qué bien el amor me sueña!
Como tu amor me ha podido,
Circe hermosa, haber vencido
aquella pasada pena,
ya me vuelvo a tu favor.

Todos

¡Guerra, guerra!

Ulises

Mas, ¿qué espero?
Las armas me llaman; quiero
seguirlas.

Música

Amor, amor.

Ulises

¡Qué blanda, qué dulcemente
suena esta voz repetida!

Antistes

Aunque me cueste la vida

tengo de hablar claramente:
Ulises, invicto griego,
¿cómo cuando así te llama
la trompeta de la fama,
en delicioso sosiego
sordo yaces? ¿Cuánto yerra,
no sabes, el que rendido
a su amor labra su olvido?
Oye esta voz.

Todos ¡Guerra, guerra!

Ulises Tienes, Antistes, razón.
Torpes mis sentidos tuve,
ciego estuve, sordo estuve,
mas ya que estas voces son
recuerdos de mi osadía,
las prisiones romperé.

Circe ¿Tan ingrata prisión fue,
Ulises, la prisión mía?
¿Cómo, cuando entre mis brazos
envidia a las flores das,
tras otro afecto te vas?
¿Tan fáciles son mis lazos
de romper? ¿Tanto rigor
premio es de tantos favores?
Escucha en hojas y en flores
esta voz.

Música Amor, amor.

Antistes No calle el marcial furor.

Circe Amor digan mar y tierra.

Música Amor, amor.

Todos ¡Guerra, guerra!
¡Guerra, guerra!

Música Amor, amor.

Ulises ¡Aquí, guerra! ¡Amor aquí
oigo! Y cuando así me veo,
conmigo mismo peleo;
defiéndame yo de mí.

Antistes Esto es honor.

Ulises Dices bien;
todo el honor lo atropella.

Circe Esto es gloria.

Ulises ¡Ay Circe bella,
que tú dices bien también!

Circe El gusto es dulce pasión.

Ulises Razón tienes.

Antistes La vitoria
es más aplauso, más gloria.

Ulises Tú también tienes razón.

Antistes Guerra y amor en rigor

te llaman: miedos destierra.

Música — Amor, amor.

Todos — Guerra, guerra.

Circe — ¿Quién ha vencido?

Ulises — El amor,
que, ¿cómo pudiera ser
que otro afecto me venciera?
Donde tu hermosura viera
esclavo tuyo he de ser.
No hay más fama para mí
que adorarte; no hay más gloria
que vivir en tu memoria.
Dichoso mil veces fui
el día que tu favor
mereció mi voluntad.

Circe — Venid todas y cantad:
«el mayor encanto, amor.»
Entra tú; y vosotros, griegos,
más pesares no me deis,
y agradeced que no os veis
entre volcanes y fuegos
de mi cólera abrasados.

Antistes — ¡Ay de nosotros! Que así
ya moriremos aquí
cautivos y desterrados.
Sepulcro será esta tierra
de tanto griego valor.

Música El mayor encanto, amor.

(Vanse todos cantando, y en otra parte suena arma y dice Arsidas.)

Arsidas ¡Arma, arma! ¡Guerra, guerra!

(Vuelve Circe y todas las damas.)

Circe ¿Qué es esto? Habiendo mandado
yo que temerosos callen
los repetidos acentos
de baquetas y metales,
¿otra vez osáis, villanos
otra vez osáis, cobardes,
que oprimido el bronce gima,
que herido se queje el parche?

(Sale Flérida.)

Flérida No este repetido acento
que con idiomas marciales,
estremeciendo los montes
titubear los ecos hace,
cautela ha sido de griegos.
Más desdichas, más pesares,
más penas, más confusiones,
más tormentos y más males
son los que quieren los cielos
que estos aparatos causen.
Arsidas, que tantos días
fue de tu hermosura amante,
a tus desdenes quejoso,
ofendido a tus desaires,
desde que ya enamorada

de Ulises te declaraste,
cuando de aquella cuestión
pusieron los rayos paces,
a su corte se fue donde,
queriendo el amor que pasen
de extremo a extremo sus penas,
que esto en los hombres es fácil,
amenazando estos montes
viene infestando esos mares;
y con razón, pues, las ondas,
gimiendo del peso grave,
con ambición de peñascos
blasonan cuando arrogantes
ven por la campaña azul
de sus salobres cristales
vagar un volcán deshecho,
correr un Flegra portátil,
correr un Etna movible
y ir una Trinacria errante.
Lisidas, de mí ofendido,
creyendo que yo, mudable,
amaba a Ulises (la causa
con que yo lo fingí sabes),
le acompaña, porque así
pretende de aquí sacarme;
que agravios de amor y celos
no guardan respeto a nadie.
Yo lo sé porque sentada
sobre esa punta que hace
corona al mar y a la tierra,
árbitro de ondas y valles,
vi, como entre oscuros lejos
de unos pintados celajes
suelen pintarnos las sombras

ya jardines, ya ciudades,
una confusa noticia
que era al perspicaz examen
de la vista, neutral duda,
mezcla de nubes y naves.
Cuando al acercarse al puerto
la gruesa armada que traen
a los sulcos de las proas,
rizarse vi, y encresparse,
blanca espuma, que al azul
chamelote de aguas hace
bella guarnición de plata,
que sin que al dibujo guarde
el orden es más hermoso
por ser dibujo sin arte.
Llegaron a nuestro puerto,
donde sin faenas baten
las blancas alas de lino
negándose al mar o al aire,
esos peces, si son peces,
o esas aves, si son aves.
Sin salva a tierra saltaron
y fueron en un instante
griegos caballos preñados
de aparatos militares,
pues abortaron sus vientres,
siendo del agua volcanes,
iras y rayos, que luego
fueron poblando la margen.
Bien a los dos conocí
que armados a tierra salen,
y en mal pronunciadas voces
que embarazó lo distante,
oí a Arsidas que dijo:

«Hoy desta mágica acaben
los encantos; y este monte
que es tiranizado atlante
de Trinacria, a mi valor
se postre». Yo, viendo el grande
peligro que te amenaza,
volando vine a avisarte.
Prevén la defensa, pues,
si es que hay defensa que baste
a la sangrienta venganza
de dos celosos amantes.

Circe

Calla, calla, no prosigas,
ni lleguen ecos marciales
a los oídos de Ulises.
Aquí tengo de dejarle
sepultado en blando sueño
porque el belicoso alarde
no pueda de mi amor nunca
divertirle o olvidarle;
que yo, con vosotras solas,
saldré a vencer arrogante.
Tú mi caudillo serás,
y no temas que te falten
gentes, que aunque son tan pocos
los soldados de mi parte,
yo armadas huestes pondré
en las campañas del aire
que, con tropas de caballos,
con escuadrones de infantes,
fantásticamente lidien
y fingidamente marchen.
Y porque entre tantas sombras
vivas escuadras no falten,

todas vosotras armadas
con escudos de diamantes,
galas desnudad de Venus,
túnicas vestid de Marte.

Casimira — Esta vida y este pecho
te ofrezco yo de mi parte.

Clori — Yo que conozcan los hombres
cuánto las mujeres valen.

Sirene — Hoy el Sol será testigo
de mi valor arrogante.

Tisbe — De nuestro poder haré
que el mundo se desengañe.

Astrea — A Palas verás armada
cada vez que me mirares.

Libia — A mí a Venus, pues verás
a mis pies rendido a Marte.

Circe — Pues con esa confianza
toca al arma.

Casimira — Suene el parche.

Clori — Hiera la trompeta al eco.

Sirene — El bronce oprimido brame.

Tisbe — El fuego reviente.

Astrea — Sea
toda Trinacria volcanes.

Libia — El duro horror de las armas
cielo, mar y tierra espante.

Flérida — ¡Y viva Circe, prodigio
destos montes y estos mares!

Circe — ¡Porque a los brazos de Ulises,
que en mudo letargo yace,
vuelva rica de despojos
enamorada y constante!

(Vanse.)

(Salen por otra puerta Arsidas y Lisidas y soldados.)

Arsidas — Desde esta excelsa cumbre
que del Sol se atrevió a tocar la lumbre
y, altiva y eminente,
coronada de rayos la alta frente,
es inmensa coluna
de ese cóncavo alcázar de la Luna,
entre celajes de rubí y topacio,
de Circe se descubre el real palacio.
¡Ea, pues, mis soldados,
que valientes, intrépidos y osados
en favor de los cielos
mantenéis la milicia de mis celos!
Hoy este asombro muera;
perezca hoy la memoria desta fiera
que a Trinacria estos campos tiraniza,
siendo el Flegra su hoguera y su ceniza.

Libremos, pues, a tantos
como tienen sus mágicos encantos
presos aquí y cautivos;
queden, pues, o bien muertos, o bien vivos.
Rescatemos valientes
nuestra patria de tantos accidentes
y dejemos seguro este camino
al náufrago piloto, al peregrino,
que halló, cadáver destas grutas hondas,
más tormenta en las peñas que en las ondas
cuando pisó por estos horizontes
montes de agua y piélagos de montes.
Y tú, Lisidas fuerte,
a cuya voz se retiró la muerte,
hoy a Flérida libra soberana
de la injusta prisión de una tirana,
o véngate hoy en ella
si tus celos te olvidan de querella.

Lisidas

Arsidas, valeroso
príncipe de Trinacria: no celoso
mi venganza prevengo;
que no tengo los celos que no tengo
porque ya sé que ha sido
un cauteloso amor, amor fingido,
el que Flérida a Ulises le mostraba,
porque esa esfinge así se lo mandaba.
No celoso en efeto, enamorado
sí que vengo, atrevido y despechado,
a rescatar a Flérida, que bella
es de los cielos flor, del campo estrella.
Y así a tu lado juro,
por ese hermoso rosicler que, puro,
mirado nos deslumbra

y no mirado a todos nos deslumbra,
de no dejarte hasta mirar postrada
al fuego de tu enojo esta encantada
selva de amor donde, por más espanto,
es el amor hoy su mayor encanto,
aunque en sus campos que el abril dibuja,
o brame el austro o la arboleda cruja.

Arsidas — Guerra de amor y celos,
pavor pondrá a los cielos.

Las mujeres (Dentro.) — ¡Cierra Trinacria, cierra!

Lisidas — Ya de allá nos responden.

(Dentro.) — ¡Guerra, guerra!

Soldado — ¡Ay Arsidas! Advierte
que a morir nos trajiste.

Arsidas — ¿De qué suerte?

Soldado — Dijiste que no había
armas ni gente en esta selva umbría,
y apenas tus soldados
han salido del mar cuando, emboscados,
en esa selva vieron
infantes y caballos que salieron
a defender la entrada
del monte.

Arsidas — No temáis, no temáis nada,
que esos monstruos incultos
son fantásticas formas, que no bultos.
No hay que temer estragos,

que sus heridas solo son amagos
que, tarde ejecutadas,
se quedan en el aire señaladas.

Lisidas — Y tan cobardes fueron
que amenazando siempre nunca hirieron.

Soldado — ¿Cómo, si causando al Sol desmayos
truenos abortan y despiden rayos?

Arsidas — Yo he de ser el primero
que ese pavor os quite. Altivo y fiero
penetraré la sierra.

Lisidas — Todos te seguiremos.

Todos — ¡Guerra, guerra!

Arsidas — ¡Ha, cauteloso griego!
¡Sal a pagar retórico este fuego!

(Sale Circe y las mujeres con espadas.)

Circe — No saldré sino yo; que la memoria
no le ha de embarazar tan breve gloria.

Astrea — ¡Ninguno quede vivo!

Flérida — Ni un amante que vuelve vengativo,
sin celos.

Lisidas — Tú me ofendes: yo te ofendo;
que más mi fama que tu amor pretendo.

Circe
Segur de vuestros cuellos
hoy serán nuestras armas. ¡A ellos!

Todas
¡A ellos!

Arsidas
En batalla tan dura
no atienda hoy el respeto a la hermosura.
Presto Circe será más tu trofeo.

Libia
¡Oh, qué bonitamente lo peleo!

(Dase la batalla, y retíranse los hombres; y luego sale Lebrel y Clarín de mona.)

Lebrel
Pues nos dejó Circe y pues
a puerta cerrada estamos
y tan solos nos hablamos,
tiempo doña Marta es
de tomar una lición.
Ya la vuelta os enseñé
del rodezno: ¿cómo fue?

(Voltea [Clarín].)

¡Así, bien! Tenéis razón.

Clarín
¡Que aquesto pase por mí!
¡Y que, en fin, haya de ser
o voltear o no comer!
¡Desdichado hablador fui!

Lebrel
Ahora, Marta, ponte en pie.

Clarín
Ello, en fin, no hay replicar:
o no comer o voltear.

[Voltea.]

Lebrel
Lindamente, por mi fe.
Ahora, porque si yo
no tengo quien de vestir
me dé, uced me ha de servir:
tome aqueste espejo, y no
le quiebre, porque es azar,
y véngase tras mí en pie.

Clarín
Que cara tengo, veré,
de mona: ¿hay mayor pesar?
¡Válgame Júpiter santo,
qué hocico!

(En mirándose al espejo se le cae el vestido de mona.)

Lebrel
¿Quién aquí habló?

Clarín
¿Quién ha de ser sino yo?

Lebrel
De verte, Clarín, me espanto.

Clarín
¿Yo Clarín? ¡Muy bueno es eso!
Mona soy.

Lebrel
¿Dónde escondido...?
Mas la mona se me ha ido.

Clarín
Ya otra admiración confieso.

Lebrel
¿Sabes por dónde se fue
la mona que aquí tenía?

Clarín — Yo soy.

Lebrel — ¡Linda bobería!
Por la mona pregunté.

Clarín — Pues yo soy.

(Sale Antistes y los demás con unas armas.)

Antistes — ¿Quién está aquí?

Clarín — Los dos.

Lebrel — ¡Que porque viniese
Clarín la mona se fuese!
Tiempo y trabajo perdí.

Antistes — Dime Lebrel, ¿donde está...?

Lebrel — ¿La mona? No sé, ¡ay de mí!

Antistes — ¡Ulises te digo!

Clarín — Allí.

(Sube un trono donde está durmiendo Ulises.)

Antistes — Entrar podéis todos, ya
que pues aquí retirado
a Ulises Circe dejó
cuando al mar a ver salió
las naves que habían llegado.
Este es el tiempo mejor

para vencer sus extremos;
y puesto que no podemos
avisarle con rumor
de armas, hoy de Aquiles sea
el arnés su trompa. Aquí
le dejemos porque así
cuando despierte le vea.

Timantes — Acuérdele, mudo él,
las batallas que venció
cuando en campaña se vio
coronado de laurel
para que despertador
de tantos olvidos sea.

Arquelao — Quien no creyó la voz, crea
las insignias del valor.

(Hanle puesto a los pies las armas.)

Polidoro — Trofeos que soberanos
Troya entre cenizas llora
y aún estáis sudando ahora
la sangre de los troyanos:
volved por vós, y entre viles
amores no os permitáis
empañar, pues aún guardáis
el muerto calor de Aquiles.

(Vanse y despierta Ulises.)

Ulises — Pesado letargo ha sido
este a que rendido estuve,
ni bien vida, ni bien sueño

sino letal pesadumbre
de los sentidos que torpes
ni descansan ni discurren,
crepúscolos son del alma
pues obran entre dos luces.
¿Quién está aquí? Solo estoy.
Pues, ¿cómo sin Circe pude
vivir un instante? Bien
que estaban sin luz presumen
mis sentidos, pues sin Sol
aun todo el cielo no luce.
¡Circe, Circe, mi señora,
qué mal tanta ausencia suple
tu memoria! Mas, ¿qué veo?
El grabado arnés ilustre
de Aquiles a mis pies yace
torpe, olvidado e inútil;
bien está a mis pies porque
rendido a mi amor se juzgue
y, segunda vez en mí,
Amor de Marte se burle.
Tarde, olvidado trofeo
del valor, a darme acudes
socorro contra mí mismo;
que aunque contra mí me ayudes,
hoy colgado en este templo
quedarás, donde sepulten
sus olvidos tus memorias.

(Dentro Aquiles.)

Aquiles — No le ofendas, no le injuries.

Ulises — ¿Qué voz es esta que en mí

tan nuevo favor infunde?

(Suenan cajas destempladas y una sordina.)

¿A quién destempladas trompas
exequias siguen lúgubres?
¿Quién causa este efeto?

Aquiles — Quien
a sus venganzas acude.

Ulises — Si ojos tengo con que mire,
si oídos tengo con que escuche,
en el centro de la tierra
sonó la voz, y no sufre
ella aún de su grave faz
la arrugada pesadumbre,
pues abre para quejarse
una boca y della escupe
pardas nubes de humo y fuego.

(Ábrese una boca y sale fuego.)

¿Cuándo contra la costumbre
en el centro de la tierra
forjan sus rayos las nubes?
A más el asombro pasa:
triste un monumento sube
de su abismo, haciendo un caos
de vapores y vislumbres.

(Va subiendo un sepulcro y en él Aquiles cubierto con un velo.)

¡Oh tú que en leves cenizas,

que aún el viento no sacude,
en ese sepulcro yaces!
¿Quién eres?

Aquiles

Porque no dudes
quién soy, este negro velo
corre y mi aspecto descubre.
¿Conócesme?

Ulises

Si me deja
especies con que te juzgue
lo pálido de tu faz,
que no hay vista que no turbe,
lo yerto de tu esqueleto
que aun desfigurado luce,
Aquiles, Aquiles eres.

Aquiles

Su espíritu soy ilustre,
que de los Elíseos campos
donde eterna mansión tuve,
volví a pasar de Aqueronte
las verdinegras y azules
ondas, derretidas gomas
del salitre y del azufre.
A cobrar vengo mis armas
porque el amor no las juzgue
ya de su templo despojo,
torpe, olvidado e inútil;
porque no quieren los dioses
que otro dueño las injurie
sino que en mi sepultura
a par de los siglos duren.
Y tú, afeminado griego,
que entre las delicias dulces

del amor, de negras sombras
tantos esplendores cubres,
no entre amorosos encantos
las tengas ni las deslustres,
sino rompiendo de amor
las mágicas inquietudes,
sal de Trinacria, y hollando
al mar los vidrios azules,
a discreción de los vientos
sus pavimientos discurre;
que la curia de los dioses
quieren que otra vez los sulques
hasta que de mi sepulcro
las muertas aras saludes
y en él esas armas cuelgues.
No lo ignores, no lo dudes,
o harás que un rayo, con voces
que horrible un trueno pronuncie,
segunda vez te lo mando,
cuando en abortada lumbre
desatadas sus cenizas,
aun antes que ardan, ahúmen.

(Húndese.)

Ulises

Espera, helado cadáver
que asombro y horror infundes,
que yo postrado te doy
palabra... ¡Todo se hunde!
Pesada imaginación
fue la que en mis sueños tuve;
pero aunque soñada, es bien
que la crea y no lo dude.

(Salen los griegos.)

Antistes — Señor, ¿qué [es] esto?

Timantes — ¿Qué tienes?

Polidoro — ¿Qué accidente hay que te turbe?

Arquelao — ¿De qué das voces al aire?

Floro — ¿Qué temor hay que te ocupe?

Lebrel — ¿Que no parezca la mona
aunque todo el monte anduve?

Antistes — ¿De qué te asombras?

Clarín — ¿De qué
te recelas?

Lebrel — ¿De quién huyes?

Ulises — De mí mismo.

Arquelao — Pues, ¿qué tienes?

Ulises — Nada tengo, mucho tuve.
¡Ay amigos! Tiempo es ya
que a los engaños me usurpe
del mayor encanto; y hoy
el valor, del amor triunfe.
¿Dónde está, dónde se ha ido
Circe?

Antistes
A esa ribera acude
después que aquí nos dejó,
a ver qué bajeles surgen
a este golfo.

Ulises
Pues en tanto
que descuidada presume
que los encantos de amor
firmes en mi pecho duren,
por esta parte que el mar
siempre repetido surte
altas montañas de quien
turbante han sido las nubes,
salgamos, y por no hacer
ruido y que ella nos escuche,
no el bajel sino el esquife
tomemos, y en él...

Antistes
No dudes.

Ulises
...huyamos de aquí, que hoy
es huir acción ilustre,
pues los encantos de amor
los vence aquel que los huye.

Antistes
Las lágrimas te respondan.

Ulises
Hermosa Juno, no culpes
el mayor encanto, amor;
pues aunque tus flores tuve
pude vencer mil encantos,
ya que este solo no pude.

Lebrel
Al fin me voy sin mi mona.

Clarín ¡Que hasta ahora qué fui dudes!

(Vanse, y salen marchando todas las damas, y traen presos a Arsidas y Lisidas.)

Circe

Hagan salva a mis palacios
los animados clarines,
las cajas y las trompetas,
porque sus voces publiquen
que de Arsidas vitoriosa
hoy, y de Lisidas, Circe
coronada de trofeos
vuelve a los brazos de Ulises.

Arsidas

Bien, Circe, podré negarte
que valiente venciste;
mágica no, que mis gentes
a tus apariencias rindes,
pues huyeron de las huestes
que aparentemente finges.

Lisidas

A sacar de tu poder
a Flérida hermosa vine:
¿cómo pude defenderme
si ella misma es quien me rinde?

Circe

Pues si preso estás por ella,
también por ella estás libre.
Ulises, invicto griego,
sal desos ricos jardines
porque de celos y amor
las caducas pompas pises.
Advierte que, vitoriosa,

llena de aplausos insignes,
vuelvo a tus brazos porque
triunfe en ellos. Mas, ¡ay triste!,

(Suena una trompeta.)

¿Qué bastarda trompeta es esta,
áspid de metal, que gime
el aire?

Flérida

En el mar, señora,
sonó la voz.

Libia

Y el esquife
de ese griego bajel, hecho
al mar, sus campañas mide.

Astrea

Ulises desde él te habla;
escucha lo que te dice.

Ulises [Dentro.]

Ásperos montes del Flegra,
cuya eminencia compite
con el cielo pues sus puntas
con las estrellas se miden:
yo fui de vuestros venenos
triunfador, Teseo felice
fui de vuestros laberintos
y Edipo de vuestra esfinge.
Del mayor encanto, amor,
la razón me sacó libre,
transladando esos palacios
a los campos de Anfitrite.

Todos

¡Buen viaje!

Flérida — «Buen viaje»
todos los vientos repiten.

Circe — Escucha tirano griego;
espera, engañoso Ulises,
pues te habla no crüel
sino enamorada Circe.
Cuando vitoriosa yo
triunfos arrastro que pises,
¿quieres que vencida llore?,
¿quieres que me queje humilde?
Escucha... Mas, iay triste!,
no llore quien te pierde, ni suspire,
si te dan para hacer mejor camino
agua mis ojos, viento mi suspiros.

Flérida — Señora, en vano te quejas,
que sordo el ingrato Ulises,
desbocado bruto corre
a vela y remo el esquife.

Libia — Ya perdiéndose de vista
átomo es invisible.

Astrea — Y ya, entre el agua y las nubes,
un pájaro apenas finge.

Circe — Ya estás, Arsidas, vengado,
pero mal dije, mal dije,
que nunca se venga un noble
en mirar un infelice.
Si lo eres, ese acero
en mi roja sangre tiñe,

que no es venganza, piedad
sí, darle la muerte a un triste.
Y sea antes que traspuesto
ese neblí que describe
las ondas, ese delfín
que el campo del aire mide,
ese caballo que corre,
ese escollo que se rige,
ese peñasco que nada,
se esconde y no se divisa;
porque perdido de vista
tardará tu acero insigne,
y no será menester
más muerte que no seguirle.
Escucha... Mas, ¡ay triste!,
ni llore quien se pierde ni suspire;
pues te dan para hacer mejor camino
agua mis ojos, viento mis suspiros.
Mas, ¿qué me quejo a los cielos?
¿No soy la mágica Circe?
¿No puedo tomar venganza
en quien me ofende y me rinde?
Alterados esos mares,
a ser pedazos aspiren
de los cielos; que si lleva,
porque de encantos se libre,
el ramillete de Juno
que trajo del cielo Iris,
no de tormentas del mar
le librarán sus matices.
Llamas las ondas arrojen,
(Sale fuego del agua.) fuego las aguas espiren,
arda el azul pavimento
y sus campañas turquíes

mieses de rayos parezcan
que cañas de fuego vibren:
¡a ver si hay deidad que tanta
tormenta le facilite!

(Serénese el mar y sale por él, en un carro triunfal, Galatea; tíranle dos sirenas y al rededor muchos tritones con instrumentos.)

Galatea

Sí habrá; y quien serene el mar
manso, quieto y apacible,
le dé paso en sus esferas.

Circe

¿Quién eres tú, que saliste
desas humildes alcobas
en triunfal carro sublime
a serenar de mis iras
hoy la cólera apacible?

Galatea

Yo, que en este hermoso carro
a quien tiran dos delfines,
de sirenas y tritones
tan acompañada vine,
Galatea soy, de Dores
hija, de semideo invencible
marino, y soy la que, amante
de Acis, joven infelice,
murió a los bárbaros celos
de Polifemo, terrible
monstruo que el tálamo dulce
de nuestras bodas felices
cubrió de un peñasco que hoy
túmulo es que nos aflige,
cuyo pirámide, cuanta
sangre de los dos exprime,

cristal es que desatado
nuestro fin llorando dice.
Deste rústico jayán
vengada me dejó Ulises,
a cuya causa mi voz
al amparo suyo asiste.
Y pidiendo a las deidades
de Neptuno y de Anfitrite,
que serenasen los mares
y que sus claros viriles
espejos fuesen del Sol
mientras los griegos los pisen,
como a ninfa de sus ondas
que discurra me permiten
el mar, apagando cuanto
fuego en él introdujiste.
Y así, ondas de plata y vidrio
veloz mi carro describe,
haciendo a su hermosura espuma,
que, alas rodadas sutiles,
o como plata se entorchen
o como vidrio se ricen.

Circe

Si deidad eres del mar
cuando en él mis fuerzas quites,
no en la tierra, y si no puedo
vengarme en quien huye libre,
en mí podré. Estos palacios
que mágico el arte finge,
desvanecidos sin polvo
sola una voz los derribe.
Su hermosa fábrica caiga
deshecha, rota y humilde,
y sean páramo de nieve

sus montes y sus jardines.
Un Mongibelo suceda
en su lugar, que vomite
fuego que a la Luna abrase
entre humo que al Sol eclipse.

Astrea — ¡Qué confusión tan notable!

Libia — ¡Oh, qué asombro tan terrible!

Flérida — ¡Huye, Libia!

Libia — ¡Huye, Astrea!

Astrea — ¿Dónde estar podemos libres?

Circe — Cuantos espíritus tuve
presos, sujetos y humildes,
inficionando los aires
huyan a su centro horrible.
Y yo, pues de mis encantos
a saber que es mayor vine
el amor, pues el amor
a quien no rindieron rinde,
muera también, y suceda
a mi fin la noche triste.

Galatea — Pues seguro el mar por donde
venturoso corre Ulises,
tormentas ve de la tierra,
el mar con fiestas publique
su vencimiento; y haciendo
regocijos y festines,
sus tritones y sirenas

lazos formen apacibles,
pues fue el agua tan dichosa
en esta noche felice
que mereció ser teatro
de soles, a quien humilde
el poeta, entre otras honras,
perdón de las faltas pide.

Fin

Libros a la carta

A la carta es un servicio especializado para
empresas,
librerías,
bibliotecas,
editoriales
y centros de enseñanza;
y permite confeccionar libros que, por su formato y concepción, sirven a los propósitos más específicos de estas instituciones.

Las empresas nos encargan ediciones personalizadas para marketing editorial o para regalos institucionales. Y los interesados solicitan, a título personal, ediciones antiguas, o no disponibles en el mercado; y las acompañan con notas y comentarios críticos.

Las ediciones tienen como apoyo un libro de estilo con todo tipo de referencias sobre los criterios de tratamiento tipográfico aplicados a nuestros libros que puede ser consultado en Linkgua-ediciones.com.

Linkgua edita por encargo diferentes versiones de una misma obra con distintos tratamientos ortotipográficos (actualizaciones de carácter divulgativo de un clásico, o versiones estrictamente fieles a la edición original de referencia).

Este servicio de ediciones a la carta le permitirá, si usted se dedica a la enseñanza, tener una forma de hacer pública su interpretación de un texto y, sobre una versión digitalizada «base», usted podrá introducir interpretaciones del texto fuente. Es un tópico que los profesores denuncien en clase los desmanes de una edición, o vayan comentando errores de interpretación de un texto y esta es una solución útil a esa necesidad del mundo académico.

Asimismo publicamos de manera sistemática, en un mismo catálogo, tesis doctorales y actas de congresos académicos, que son distribuidas a través de nuestra Web.

El servicio de «libros a la carta» funciona de dos formas.

1. Tenemos un fondo de libros digitalizados que usted puede personalizar en tiradas de al menos cinco ejemplares. Estas personalizaciones pueden ser de todo tipo: añadir notas de clase para uso de un grupo de estudiantes, introducir logos corporativos para uso con fines de marketing empresarial, etc. etc.

2. Buscamos libros descatalogados de otras editoriales y los reeditamos en tiradas cortas a petición de un cliente.

www.ingramcontent.com/pod-product-compliance
Lightning Source LLC
La Vergne TN
LVHW051005080826
845145LV00009B/2474

* 9 7 8 8 4 9 8 1 6 4 1 4 5 *